YOGA

YOGA

BERATUNG
JENNIE BITTLESTON

Librero

Die Originalausgabe erschien 2017 unter dem Titel: *Secrets of Yoga*

Postbus 72, 5330 AB Kerkdriel, Niederlande

Produktion der deutschsprachigen Ausgabe:
Tanja Timmerman vertaling & redactie
Satz: Studio Spade

Printed in China

ISBN: 978-90-8998-756-3

INHALT

Yoga-Arten

In diesem Buch werden 50 klassische Asanas oder Posen vorgestellt, die Anfänger bei den meisten modernen Arten lernen.

ÜBER DIESES BUCH „Geheime Künste: Yoga" wendet sich als Übungshandbuch sowohl an Anfänger als auch an Fortgeschrittene oder Lehrer. Im ersten Kapitel wird die Entwicklung des Yoga aufgezeigt, in Kapitel zwei werden die Grundlagen dargestellt und in Kapitel drei werden Sie durch Ihre allerersten Übungen geführt. In Kapitel vier lernen Sie 40 klassische Stellungen in der Reihenfolge, wie sie auch in Kursen gelehrt werden, und in Kapitel fünf stellen Sie abschließend Ihr eigenes Übungsprogramm auf.

Schwierigskeitsgrad

Innerhalb jeder Kategorie werden die Posen je nach Schwierigkeit eingeteilt. Jede hat ihr eigenes Symbol.

ANFÄNGER für komplette Anfänger

FORTGESCHRITTENE 1 – leicht fortgeschritten: Sie haben Kapitel 3 mindestens einmal durchgearbeitet

FORTGESCHRITTENE 2 – weiter fortgeschritten: Posen für sehr Bewegliche

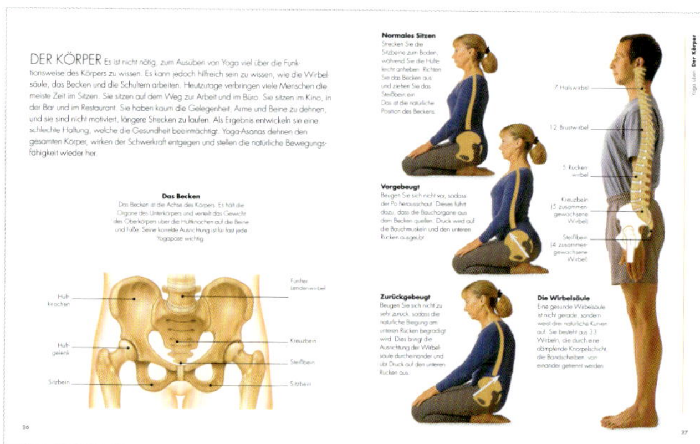

DER KÖRPER Es ist nicht nötig, zum Ausüben von Yoga viel über die Funktionsweise des Körpers zu wissen. Es kann jedoch hilfreich sein zu wissen, wie die Wirbelsäule, das Becken und die Schultern arbeiten. Heutzutage verbringen viele Menschen die meiste Zeit im Sitzen. Sie sitzen auf dem Weg zur Arbeit und im Büro. Sie sitzen im Kino, in der Bar und im Restaurant. Sie haben kaum die Gelegenheit, Arme und Beine zu dehnen, und sie sind nicht motiviert, längere Strecken zu laufen. Als Ergebnis entwickeln sie eine schlechte Haltung, welche die Gesundheit beeinträchtigt. Yoga-Asanas dehnen den gesamten Körper, wirken der Schwerkraft entgegen und stellen die natürliche Bewegungsfähigkeit wieder her.

Das Becken
Das Becken ist die Achse des Körpers. Es hält die Organe des Unterkörpers und verteilt das Gewicht des Oberkörpers über die Hüftknochen auf die Beine und Füße. Seine korrekte Ausrichtung ist für fast jede Yogapose wichtig.

Normales Sitzen
Strecken Sie die Sitzbeine zum Boden, während Sie die Hüfte leicht anheben. Richten Sie das Becken aus und ziehen Sie das Steißbein ein. Das ist die natürliche Position des Beckens.

Vorgebeugt
Beugen Sie sich nicht vor, sodass der Po herausschaut. Dieses führt dazu, dass die Bauchorgane aus dem Becken quellen. Druck wird auf die Bauchmuskeln und den unteren Rücken ausgeübt.

Zurückgebeugt
Beugen Sie sich nicht zu sehr zurück, sodass die natürliche Biegung am unteren Rücken begradigt wird. Dies bringt die Ausrichtung der Wirbelsäule durcheinander und übt Druck auf den unteren Rücken aus.

Die Wirbelsäule
Eine gesunde Wirbelsäule ist nicht gerade, sondern weist drei natürliche Kurven auf. Sie besteht aus 33 Wirbeln, die durch eine dämpfende Knorpelschicht, die Bandscheiben, voneinander getrennt werden.

Grundlegende Informationen

Im ersten Teil lernen Sie, worauf Sie anfangs achten müssen (Körper und Atmung) und wie Sie Posen angehen sollten.

Posen

Auf den farbigen Seien werden die Posen detailliert gezeigt. In der Einführung wird der Name und der Sinn der Pose erklärt. Durch Nummerierungen und Bildunterschriften lernen Sie jede Pose Schritt für Schritt kennen.

Analyse

Auf den schwarz-weißen Seiten wird jede Pose analysiert. Im Haupttext wird die Pose erforscht, während die korrekte Haltung jedes Körperteils aufgezeigt wird. Pfeile geben dabei die Richtung der Dehnung an.

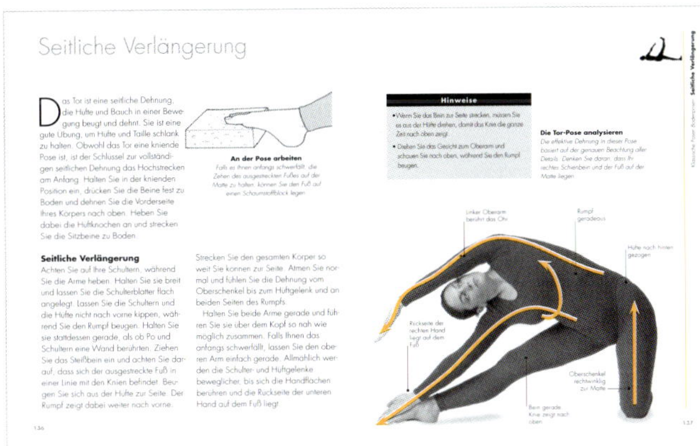

Übungen für daheim

Das Buch endet mit drei Beispielprogrammen, welche auf den klassischen Stellungen basieren, die in Kapitel 3 und 4 vorgestellt wurden.

Warum Yoga?

Yoga ist das älteste der beliebten Fitnessprogramme unserer Zeit. Die Vielfalt der Kurse, die auf der ganzen Welt angeboten werden, zeigen deutlich, wie wichtig Yoga auch heute noch ist. Es ist über 4.000 Jahre alt und stammt aus Südasien. Yoga hat während des langen Wachstums viele verschiedene Zweige entwickelt. Yoga besteht aus Meditation und Philosophie, Sprechgesang und rhythmischer Tiefenatmung. Es kann bei der Behandlung vieler Leiden helfen.

Zeitgenössische Lehre
Die Beliebtheit des Iyengar-Yoga, das im 20. Jhd. vom indischen Lehrmeister B.K.S. Iyengar gegründet wurde, beweist die Wichtigkeit von Yoga in der heutigen Zeit.

Harmonie wiederherstellen

„Yoga" bedeutet „Einheit". Es bietet eine Möglichkeit zur Wiederherstellung der Harmonie und lehrt die Vereinigung von Körper und Geist sowie von Geist und Seele. Wir erlangen Fitness, gesteigerte Vitalität und ein allgemeines Wohlbefinden. Yoga setzt auf Ruhe und Entspannung gegen die Sorgen und den Stress der modernen Zeit. Stimmungsschwankungen und emotionale Überreizung werden durch einen ausgeglichenen Geist und klares Denken ersetzt.

Dieses Buch ist für Anfänger jeden Alters gedacht. Es wurde als Leitfaden für Menschen geschrieben, die Yoga allein zu Hause lernen wollen. Gleichzeitig ist es ein nützliches Handbuch zum Üben zwischen Kursen. Es werden die Grundlagen sowie die klassischen und modernen Arten von Yoga erklärt.

Außerdem lernen Sie, wann, wo und wie Sie am besten üben sollten. Der Schwerpunkt liegt bei den 50 klassischen Stellungen und deren modernen Abwandlungen.

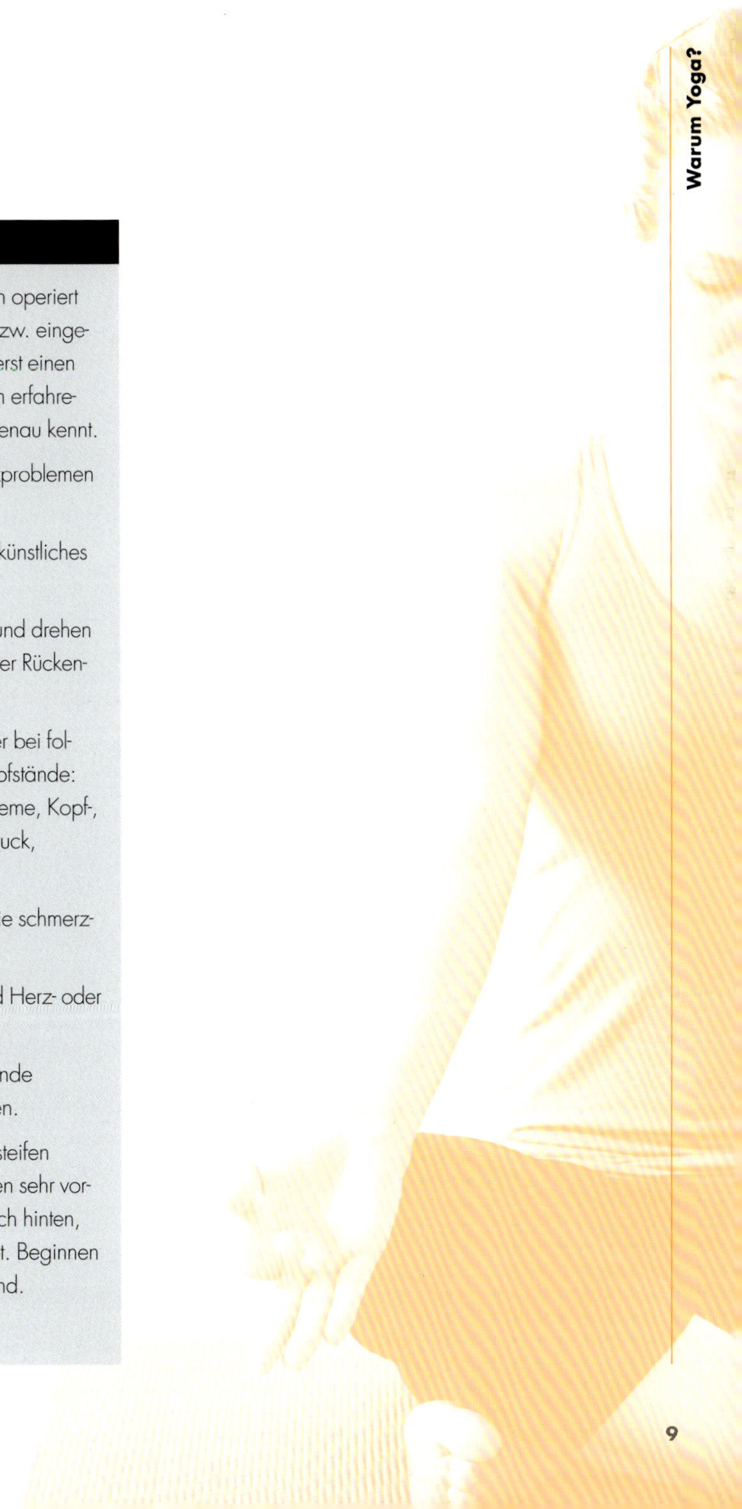

Achtung!

Falls Sie Medikamente nehmen, Sie kürzlich operiert wurden, Sie chronisch krank oder verletzt bzw. eingeschränkt bewegungsfähig sind, sollten Sie erst einen Arzt konsultieren. Üben Sie immer mit einem erfahrenen Lehrer, der Ihren Gesundheitszustand genau kennt.

- Üben Sie bei hohem Blutdruck oder Herzproblemen keine Stehposen.
- Üben Sie keine Sitzposen, wenn Sie ein künstliches Hüftgelenk haben.
- Beugen Sie sich nicht vor oder zur Seite und drehen Sie den Oberkörper nicht, wenn Sie an einer Rückenverletzung leiden.
- Üben Sie während der Menstruation oder bei folgenden Problemen keine Schulter- oder Kopfstände: Schwindel, Augen-, Ohren- und Sinusprobleme, Kopf-, Hals- und Rückenverletzungen, hoher Blutdruck, Migräne.
- Nehmen Sie niemals eine Position ein, die schmerzhaft oder unangenehm ist.
- Beugen Sie sich bei hohem Blutdruck und Herz- oder Rückenleiden nicht nach hinten.
- Vermeiden Sie bei Knieverletzungen kniende Positionen und jegliches Beugen nach hinten.
- Sie sollten bei Osteoporose oder einem steifen Rücken bei allen Dehnungen und Drehungen sehr vorsichtig sein. Vermeiden Sie das Beugen nach hinten, Kopfstände sowie das Boot bzw. Halbboot. Beginnen Sie nicht mit Yoga, wenn Sie schwanger sind.

ARTEN UND SCHULEN

Die Entwicklung von Yoga erstreckt sich über vier Jahrtausende. Im Lauf dieser Zeit entstanden viele verschiedene Schulen. Einige konzentrieren sich auf Geist und Meditation, andere auf Übung und Atmung. In diesem Kapitel wird die Geschichte des Yoga erzählt, vom Ursprung auf dem indischen Subkontinent bis zu seiner weltweiten Ausbreitung im 20. Jahrhundert. Einige Lichtgestalten der Vergangenheit, deren Schriften und Beobachtungen großen Einfluss auf die klassischen Schulen hatten, werden vorgestellt. Am Ende des Kapitels werden auch einige wichtige Lehrmeister der heutigen Zeit vorgestellt, Gründer von Yogaarten und -schulen, die Yoga in das fünfte Jahrtausend hineintragen.

Die Philosophie von Yoga

Bei uns gilt Yoga als Übungssystem zur Wiederherstellung und Erhaltung der Gesundheit. Obwohl die körperlichen Übungen wichtig sind, vereint Yoga tatsächlich Körper, Geist und Seele. Unsere Gedanken sind ein wichtiger Bestandteil des Systems.

Yoga entwickelte sich in der Tat zunächst einmal als Philosophie. Die Übungen (Asanas) entstanden erst später. Sie sollten bewirken, dass der Geist sich besser zentriert und der Mensch so zu einer tieferen Meditation findet. Das Endziel von Yoga war immer die Einheit mit der Macht, die für einige ein universelles Bewusstsein und für andere Gott ist. Heute ist die Meditation immer noch ein Hauptbestandteil vieler Yogaarten. Teilweise wird sie jedoch als zu fortgeschritten angesehen und Anfängern nicht beigebracht.

Bewusstsein
Beim Yoga wird viel Wert darauf gelegt, sich den Einflüssen der Natur zu öffnen.

Der Weg des Yoga

Yoga ist keine Religion, aber seine Entwicklung wurde durch die Ideen vieler großer Denker und Lehrer beeinflusst. Ihre Schriften liefern eine Reihe von vernünftigen Grundlagen, um ein friedliches und gesundes Leben zu führen. An erster Stelle steht dabei das Prinzip des Gewaltverzichts. Durch Yoga arbeiten Sie an Ihrem inneren Frieden und an geistiger und körperlicher Harmonie.

Der Weg des Yoga ist eine persönliche Suche nach dem eigenen Ich durch Asanas (Posen), Atmung, Entspannung und durch das Erlernen von absoluter Ruhe und Konzentration. Es ist eine Reise zum Selbst und darüber hinaus.

Regeln für das richtige Leben

Der Weise Patañjali, der vor etwa 2.000 Jahren lebte, hinterließ eine Sammlung von Schriften – die Yogasutren (*Sutra* = Leitfaden) mit simplen Ratschlägen für ein erfülltes, nützliches Leben. Hier sind die zehn bekanntesten Richtlinien:

DIE FÜNF YAMAS

—oder wie man nett zu anderen ist

1 Entsagen Sie jeder Form von Gewalt in Gedanken, Worten und Handlungen.

2 Stehlen Sie nicht.

3 Begehren Sie nicht die Besitztümer oder Erfolge der anderen.

4 Sprechen Sie immer die Wahrheit.

5 Üben Sie sich in Zurückhaltung und vermeiden Sie Ausschweifungen oder sexuelle Verderbtheit.

DIE FÜNF NIYAMAS

– oder wie man nett zu sich selbst ist

1 Erhalten Sie geistige Reinheit und körperliche Sauberkeit.

2 Entsagen Sie allen Wünschen.

3 Akzeptieren Sie Ihre Lebensumstände.

4 Wiederholen Sie die heiligen Worte der großen Lehrmeister.

5 Widmen Sie sich einer persönlichen Gottheit oder dem universellen Bewusstsein.

Buddha
Gautama Buddha wird manchmal als erster Yogi beschrieben.

URALTE KUNST

Der Ursprung von Yoga ist tief in der Geschichte versteckt. Historiker nehmen an, dass die grundsätzlichen Ideen vor über 3.000 Jahren im Südwesten Asiens entstanden und durch Völkerwanderungen auf den indischen Subkontinent gelangten. Artefakte, die bei Ausgrabungen der Kulturen des Industals (ca. 1.500 v. Chr.) gefunden wurden, zeigen meditierende Menschen. Die Upanishaden, die ältesten bekannten Schriften über Yoga, entstanden etwa 900 bis 400 v. Chr.

Karma-Yoga
Die Bhagavadgita *(Lied des Herrn), die epische Geschichte des Kampfes zweier Stämme, entstand ca. 300 v. Chr. Sie stellt das Karma-Yoga vor – das Yoga der selbstlosen Handlungen, das die Möglichkeiten zum Umgang mit Alltagsproblemen erforscht.*

Buddhas Geburtsort

Gautama Buddha wurde ca. 550 v. Chr. am Fuße des Himalaya-Gebirges geboren. Es war eine Zeit der religiösen und intellektuellen Unruhe im Fernen Osten. Buddha wurde zum wandernden Mönch, der dem Pfad des Raja-Yoga folgte, um Erleuchtung zu erlangen.

Lotussitz

Die alten Weisen werden oftmals im Lotussitz oder Padmasana (mit überkreuzten Beinen) meditierend dargestellt. Es ist eine passive Sitzhaltung, die, sobald man sie beherrscht, sehr bequem ist und den Geist befreit.

Raja-Yoga

Die älteste Form von Yoga ist die Meditation. In der fernöstlichen Kunst wird Buddha oft meditierend dargestellt. Dabei sitzt er mit überkreuzten Beinen. Dies waren die ersten Asanas oder Yogaposen. Sie wurden von Weisen entwickelt, da sie es ihnen ermöglichten, lange Zeit in Meditation versunken zu sitzen. Die uralte Yogaform, die Buddha praktizierte, existiert bis heute als Raja-Yoga und gilt als König des Yoga. Es heißt, dass alle Yogapfade letztendlich zu ihm führen. Raja-Yoga besteht aus tiefer Meditation. Hingebungsvolle Einzelpersonen und ganze Gemeinschaften von Yogis erforschen so die Grenzen des abstrakten Denkens und versuchen, das universelle Bewusstsein anzuzapfen, um eine geistige Einheit mit dem Universum zu erlangen.

Klassische Schulen

Yoga hat viele Zweige. Neben den unzähligen Menschen, welche die modernen, auf Körperübungen basierenden Yogaarten ausüben, gibt es noch viele Anhänger der klassischen Schulen. Die meisten dieser Schulen entstanden im 1. Jahrtausend v. Chr., als Freidenker aus den religiösen Einrichtungen des indischen Subkontinents ausbrachen, um neue Philosophien und asketische Lebensweisen zu entwickeln.

Kapila

This sage, who lived about 2,750 years ago, founded the samkhya philosophy, which contributed concepts such as life force and life energy to yoga.

Vor 1.000 v. Chr.

RAJA-YOGA

Der Brauch, mit gekreuzten Beinen zu meditieren, gelangt aus Persien auf den indischen Subkontinent. Er wird von Dravidian – „sprechenden Menschen" – weiter nach Süden getragen. Raja-Yoga gilt als König des Yoga und wird von denjenigen ausgeübt, die Einheit mit dem universellen Bewusstsein erlangen wollen.

ca. 900 v. Chr.

JNANA-YOGA

Philosophen, welche die Intuition erforschen, entwickeln das Yoga der Weisheit oder Jnana-(Geeyana-)Yoga. Ihre Ideen erscheinen in den Upanishaden, innovativen Schriftsätzen, welche die ersten Berichte über Yogaübungen und -erfahrungen enthalten. Das Jnana-Yoga entwickelt Intuition durch Meditation.

ca. 500 v. Chr.

Gautama Buddha und seine Anhänger praktizieren die Meditationstechniken des Raja-Yoga und erlangen den Zustand des Nirvana, der universellen Einheit.

BUDDHA

ca. 300 v. Chr.

KARMA-YOGA

Der Weise Vyasa schreibt die *Bhagavadgita*. Er stellt darin das Karma-Yoga vor. Die Schrift gibt ein Gespräch zwischen dem Kriegsherren Arjuna und seinem Wagenführer, dem Gott Krishna, am Vorabend des Kampfes wieder. Beim Karma-Yoga tut man die rechten Dinge zur rechten Zeit, um späteres Unglück zu vermeiden.

Die letzte klassische Schule

Im 1. Jahrtausend n. Chr. entstanden neue meditative Techniken, wie Sprechgesang, Beschwörungen oder Mantras (z. B. „Om") sowie die Betrachtung von geometrischen Mustern zur Meditation, den Mandalas. Aus dieser neuen Welle des Freidenkens entwickelte sich das Hatha-Yoga, die letzte der großen, klassischen Schulen. „Ha" bedeutet Sonne und „tha" Mond. Der Name bezieht sich auf die Atemübungen Pranayama, die als Weg zur Verbindung von Körper und Geist angesehen werden. Hatha-Yoga war die erste Schule, in der Körperübungen und tiefe Atmung kombiniert wurden, um den Geist auf die Meditation zu konzentrieren. Im 13. Jhd. schrieb der Weise Svatmarama das *Hathapradipika*, den ersten schriftlichen Leitfaden für das Hatha-Yoga.

CA. 200 V. CHR.

Der Weise Patañjali schreibt die Yogasutren, in denen er Richtlinien zur Meditation und zur Ausübung von Yoga gibt: das erste Handbuch.

PATANJALI

CA. 300 N. CHR.

TANTRA-YOGA

Asanga, ein buddhistischer Philosoph, gründet die tantrische Philosophie. Sie enthält Yogaübungen, in denen die Sinne und die Vorstellungskraft zur Erreichung von Ekstase genutzt werden, die zur Erleuchtung führen kann. Er ermutigt zu Mantra-Yoga, dem rhythmischen Aufsagen von heiligen Wörtern.

CA. 1000–1200 N. CHR.

BHAKTI-YOGA

Der Weise Ramanuja gründet das Bhakti-Yoga, die Anbetung eines persönlichen Gottes. Er lehrt Hingabe zu Brahma, dem Schöpfer des Universums, einem liebe- und verständnisvollen Wesen. Durch den Dienst an Gott oder an den Menschen, durch Gebete und Glauben erlangt man Erleuchtung.

CA. 1000 N. CHR.

HATHA-YOGA

Die Entwicklung von körperlichen Übungen während der tantrischen Ära legte den Grundstein für das Hatha-Yoga. Es war die erste Schule, die Asanas, Atmung, Reinigung und Visualisierungstechniken als Meditationshilfen zur Erlangung der Einheit mit dem universellen Bewusstsein anerkannte.

Yoga breitet sich aus
Im 20. Jahrhundert wurde Yoga auch bei uns immer beliebter.

MODERNE YOGA-ARTEN

Das neueste Yoga-Kapitel begann im 19. Jhd., als westliche Entdecker, Forscher, Soldaten und Verwaltungsbeamte, die in Indien lebten, Yoga-Schriften übersetzten und Asanas studierten. Um 1900 bereisten Yogis bereits die westliche Welt. Mitte des 20. Jhds. ließ sich Paramahansa Yogananda, Autor der „Autobiografie eines Yogi" in den USA nieder. Hatha-Yoga war die klassische Schule, welche die moderne Welt beeinflussen sollte, da die Asanas, die Atmung und der Heilungseffekt unsere westliche Denkweise ansprachen. Nach dem 2. Weltkrieg reisten viele Menschen zum Studium des Hatha-Yoga nach Indien und angesehene indische Lehrmeister, allen voran B.K.S. Iyengar, lehrten bei uns.

Iyengar
K.S. Iyengar verband das klassische Hatha-Yoga mit den anatomischen Kenntnissen der modernen Welt. Der neue Stil basiert auf akurater Körperhaltung und Bewegungen.

Vorbereitung

Wenn Sie gerade mit Yoga beginnen, es entweder allein erlernen oder einzelne Posen zwischen den Kursen üben wollen, sollten Sie sich zuerst einen Ort suchen, an dem Sie ungestört sind. Bei schönem Wetter können Sie draußen üben. Sie sollten aber große Hitze meiden und bedenken, dass Sie durch äußere Einflüsse (z. B. durch Verkehrslärm) leicht abgelenkt werden können. Im modernen Haushalt kann es schwierig sein, einen Ort zu finden, an dem man nicht durch das Telefon, die Türklingel oder durch Familienmitglieder gestört wird. Was auch immer Sie sich aussuchen, hängen Sie ein „Bitte nicht stören"-Schild an die Tür.

Übungshilfen

Wählen Sie einen möglichst leeren Raum. Sie brauchen viel Platz in alle Richtungen ein Stück freie Wand sowie die aufgeführten Gegenstände.

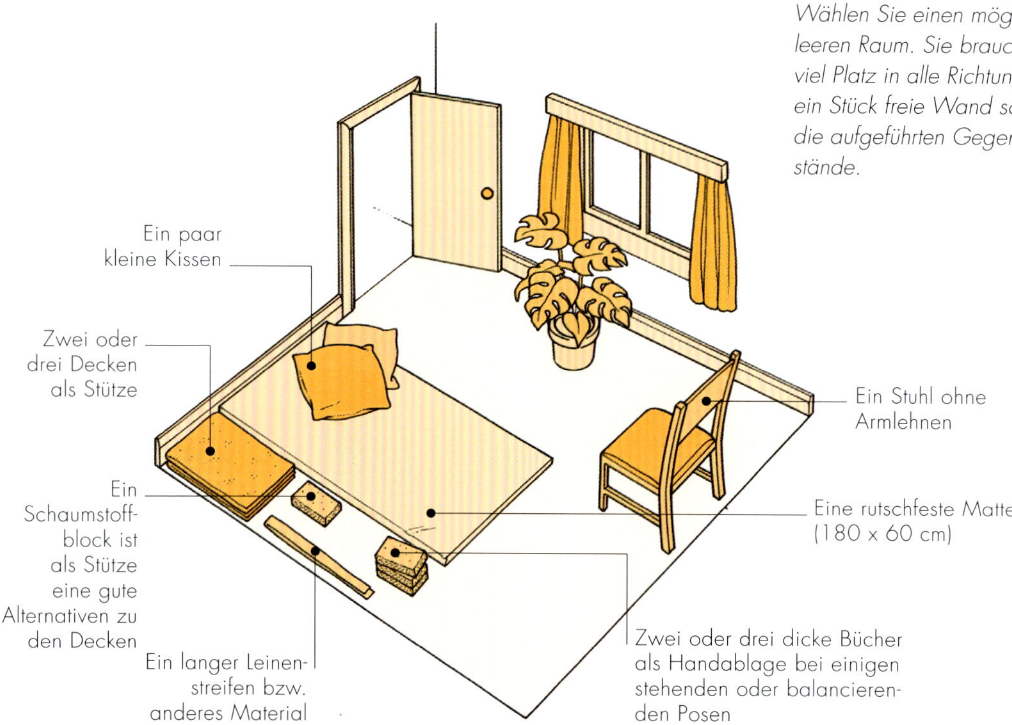

Zeit schaffen

Üben Sie so oft Sie mögen, aber üben Sie regelmäßig. Seien Sie am Anfang nicht übermotiviert. Am sinnvollsten ist es, eine bestimmte Übungszeit festzulegen und sich diszipliniert daran zu halten. Nehmen Sie sich am Anfang eine halbe Stunde Zeit und steigern Sie dies später. Manche Menschen üben gerne früh morgens oder abends ein paar Minuten lang und absolvieren zusätzlich eine längere Übungseinheit pro Woche.

Yoga hat nur sehr wenige Regeln. Einige Posen fördern die Verdauung – so können Sie z. B. die Helden-Pose direkt nach einer Mahlzeit üben. Für die meisten Stellungen gilt das jedoch nicht, daher sollten Sie mit den Übungen zwei bis vier Stunden nach einer Mahlzeit warten.

Tragen Sie bequeme Kleidung, die sich gut dehnen lässt, z. B. T-Shirts und Leggings, Jogginghosen oder Sweatshirts. Üben Sie immer barfuß. Machen Sie bei langen Haaren einen Zopf, damit Sie freie Sicht haben.

DER KÖRPER

Es ist nicht nötig, zum Ausüben von Yoga viel über die Funktionsweise des Körpers zu wissen. Es kann jedoch hilfreich sein zu wissen, wie die Wirbelsäule, das Becken und die Schultern arbeiten. Heutzutage verbringen viele Menschen die meiste Zeit im Sitzen. Sie sitzen auf dem Weg zur Arbeit und im Büro. Sie sitzen im Kino, in der Bar und im Restaurant. Sie haben kaum die Gelegenheit, Arme und Beine zu dehnen, und sie sind nicht motiviert, längere Strecken zu laufen. Als Ergebnis entwickeln sie eine schlechte Haltung, welche die Gesundheit beeinträchtigt. Yoga-Asanas dehnen den gesamten Körper, wirken der Schwerkraft entgegen und stellen die natürliche Bewegungsfähigkeit wieder her.

Das Becken

Das Becken ist die Achse des Körpers. Es hält die Organe des Unterkörpers und verteilt das Gewicht des Oberkörpers über die Hüftknochen auf die Beine und Füße. Seine korrekte Ausrichtung ist für fast jede Yogapose wichtig.

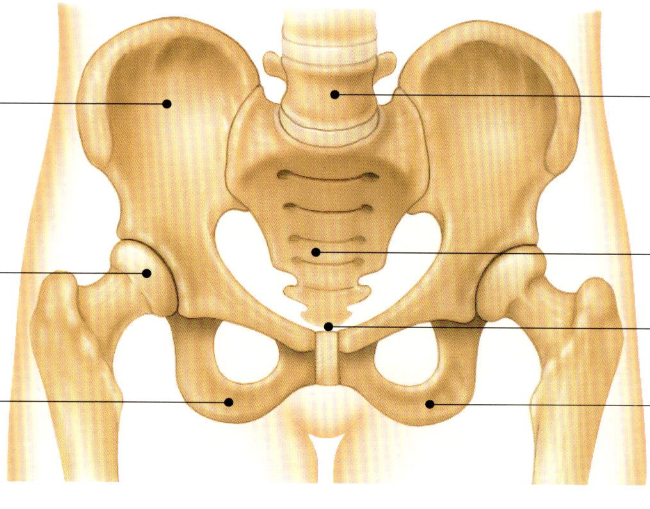

Normales Sitzen

Strecken Sie die Sitzbeine zum Boden, während Sie die Hüfte leicht anheben. Richten Sie das Becken aus und ziehen Sie das Steißbein ein.
Das ist die natürliche Position des Beckens.

Vorgebeugt

Beugen Sie sich nicht vor, sodass der Po herausschaut. Dieses führt dazu, dass die Bauchorgane aus dem Becken quellen. Druck wird auf die Bauchmuskeln und den unteren Rücken ausgeübt.

Zurückgebeugt

Beugen Sie sich nicht zu sehr zurück, sodass die natürliche Biegung am unteren Rücken begradigt wird. Dies bringt die Ausrichtung der Wirbelsäule durcheinander und übt Druck auf den unteren Rücken aus.

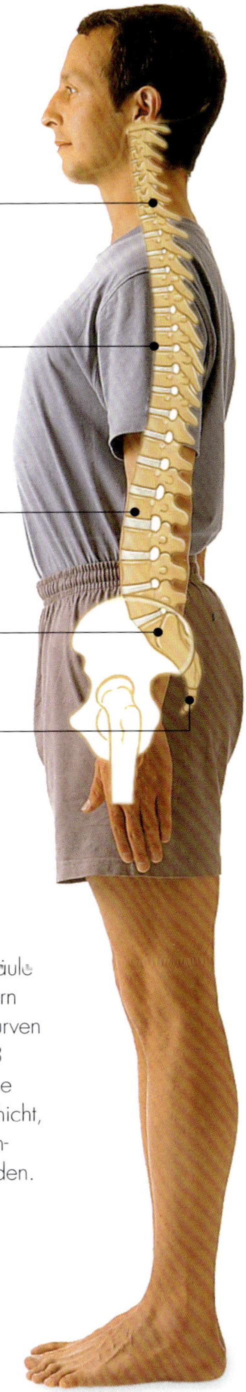

Die Wirbelsäule

Eine gesunde Wirbelsäule ist nicht gerade, sondern weist drei natürliche Kurven auf. Sie besteht aus 33 Wirbeln, die durch eine dämpfende Knorpelschicht, die Bandscheiben, voneinander getrennt werden.

Atmung und Entspannung

Das Atmen ist ein körperlicher und geistiger Prozess, eine Verbindung zwischen Körper und Geist. Die normale Atmung versorgt das Blut mit Sauerstoff und anderen Nährstoffen, welche die Funktion von Körper und Gehirn gewährleisten. Eine schnelle Atmung (Hyperventilation) verringert die Sauerstoffzufuhr. Dies kann zu Schwindel, abnormalem Herzrhythmus, Anspannung, Panik und sogar Ohnmacht führen. Die Verlangsamung der Atmung beruhigt und stellt den normalen Zustand wieder her.

Gute Angewohnheiten

Die richtige Atmung ist ein wichtiger Teil jeder Yogastellung. Am Anfang gilt die Konzentration daher dem Angewöhnen einer guten Atmung. Menschen, die unter Druck stehen, entwickeln oft eine flache Atmung als Reaktion auf den Stress. Durch Yoga können sie sich wieder einen normalen Atemrhythmus angewöhnen.

Die Anweisungen zur Ausführung der Asanas enthalten oft Hinweise auf die normale Atmung. Dieses mag unsinnig erscheinen, aber wenn man sich sehr auf die Ausführung einer Bewegung konzentriert, neigt man oft dazu, unwillkürlich die Luft anzuhalten. Auf diese Momente müssen Sie achten. Wenn Ihre Nase verstopft ist, müssen Sie durch den Mund atmen; normalerweise sollten Sie jedoch immer durch die Nase atmen.

In einigen Bildunterschriften erhalten Sie Anweisungen, wann Sie ein- und ausat-

men sollen. Im Normalfall atmen Sie bei Anstrengung aus, z. B. beim Vorbeugen. Atmen Sie ein, führen Sie die Bewegung aus und atmen Sie normal weiter.

Atmung und Entspannung

Dehnungen und rhythmisches Atmen entspannen Körper und Geist. Entspannung ist ein wichtiger Teil von Yoga. Eine Übungseinheit sollte mit einigen Augenblicken der Ruhe beginnen, z. B. mit bequemem Sitzen im Schneidersitz. Auf anstrengende Stellungen sollten Sie ebenfalls wieder ein paar Augenblicke der Ruhe folgen lassen, ob im Sitzen, Stehen oder Liegen.

Leichenstellung

Savasana I, die auf den S. 64–65 im Detail analysiert wird, entspannt Körper und Geist in Zeiten von Stress und Anspannung.

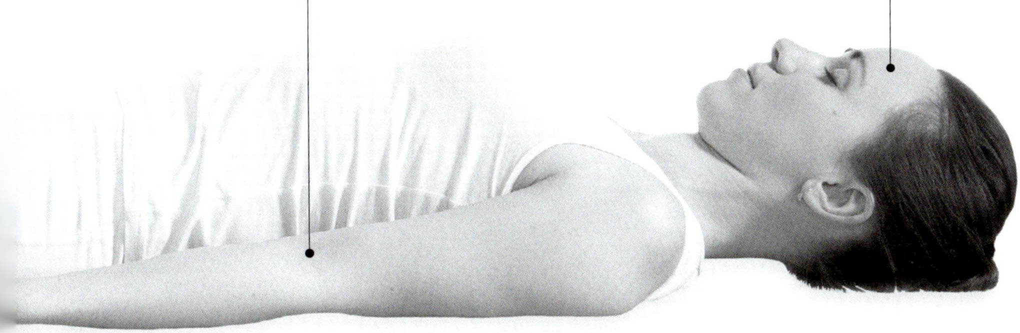

Geistige Einheit

Das Wort „Yoga" beschreibt die Einheit zwischen dem Individuum und der Welt außerhalb des Selbst.

GEIST UND SEELE Die Asanas und die Atmungskontrolle sind Möglichkeiten, die Beruhigung und Konzentration des Geistes zu erlernen. Die Konzentration ist die Fähigkeit, sich ganz einer Sache oder einem Gedanken zu widmen. Beim Yoga wird Ihre Aufmerksamkeit zu etwas Physischem – zu einer Pose, die für kurze Zeit Ihre ganze Aufmerksamkeit in Anspruch nimmt. So üben und verbessern Sie Ihre Konzentrationsfähigkeit. Im täglichen Leben leiden viele Menschen unter Konzentrationsmangel. Die Fähigkeit zur Konzentration (z. B. durch Meditation) ist der erste Schritt zur Erforschung der geistigen Dimension von Yoga. Meditation ist vollkommene Konzentration.

Freier Geist

Durch Yoga soll der Geist von den Beschränkungen des Körpers befreit werden, um neue Bewusstseinsstufen zu erforschen.

Konzentrationsübungen

Wenn Sie Yoga üben, wird Ihr ganzes Wesen in die Bewegungen des Körpers einbezogen. Deshalb wird Yoga auch als „Meditation durch Bewegung" bezeichnet. Eine erholsame Stellung wie der Schneidersitz ist ideal zur Förderung der Konzentration. Obwohl er sehr einfach aussieht, muss der Geist sich auf viele kleine Details konzentrieren, z. B. auf die korrekte Stellung der Knie.

Gefühl und Kontrolle

Die Yogaübungen bringen Ruhe in Ihr Leben und lassen negative Emotionen abklingen. Die normalen Rhythmen von Körper und Geist können sich wieder durchsetzen. Anstatt innerer Unruhe durch einen plötzlichen Ausbruch Ausdruck zu verschaffen, befreit Yoga starke Emotionen durch intensives Dehnen. Das lenkt den Geist ab und richtet die ganze Aufmerksamkeit auf die Ausführung der Pose. Das Ergebnis ist die Zerstreuung der Wut, das Heben der Stimmung und das Beruhigen von Schmerz und mentalem Unbehagen. Am Ende einer konzentrierten Übungseinheit durchdringen Gelassenheit und Ruhe Körper und Geist.

Bereicherung
Yoga bereichert Ihr Leben, indem Sie für Ihr persönliches Glück unabhängiger von der Außenwelt sein können.

Gelassenheit

Die Wiederherstellung der Gelassenheit ist eines der größten Geschenke von Yoga an eine immer hektischere Welt. Wir müssen in jedem Bereich unseres Lebens immer mehr Stress bewältigen. Im Laufe der Zeit brechen viele unter dem emotionalen Druck zusammen. Dieses kann in Depressionen, dem Zusammenbruch von Freundschaften und immer häufiger auch in Gewaltausbrüchen enden. Von einer gelassenen Person, die innere Harmonie ausstrahlt und in Stresssituationen Ruhe und Zuversicht vermittelt, können wir jedoch alle profitieren.

Das Üben der Asanas ist gleichzeitig das Üben der Selbstbeherrschung. Beim Yoga lernen Sie erst die Beherrschung des Körpers und dann die der Atmung. So erlangen Sie die Kontrolle über Ihre Gedanken, was eine Kontrolle über die Gefühle mit sich bringt. Langfristig hat Yoga einen ausgleichenden Effekt auf Ihr Gefühlsleben. Yoga-Treibende hören nicht auf zu fühlen. Sie werden aber weniger von den Enttäuschungen des Lebens beeinflusst. Sie haben weniger Sorgen und sind zum Glücklichsein seltener von äußeren Faktoren wie Glück, Erfolg und Reichtum abhängig. Die Suche nach Aufregung, Befriedigung und Nervenkitzel wird durch innere Ruhe und Zufriedenheit ersetzt.

Dieses Stadium der emotionalen Entwicklung zu erreichen bedeutet, Pratyahara oder Befreiung zu erlangen. Nach dem Weisen Patañjali ist es die Befreiung von der Dominanz der Sinne, die fünfte Stufe auf dem Weg des Yoga. Das Erreichen dieser Stufe ist das Zeichen, dass Sie nun zur ernsthaften Meditation (Dhyana) bereit sind. Durch diese können Sie das Stadium des Samadhi (Einheit mit dem universellen Bewusstsein) erlangen. Es ist das Ziel jeder Yoga-Art und -Schule.

DIE ERSTEN ÜBUNGEN

In diesem Kapitel werden zehn Posen beschrieben, die bei korrekter Ausführung eine gute Einführung darstellen. Zusammen formen sie eine Übungseinheit, die etwa 20–30 Minuten in Anspruch nimmt. Bitte lesen Sie den Warnhinweis auf S. 9, bevor Sie beginnen. Wenn Sie das vorgestellte Programm zwei- bis dreimal wöchentlich machen, die Schritte in der richtigen Reihenfolge ausführen und sich auf die korrekte Ausrichtung von Füßen, Armen und anderen Körperteilen konzentrieren, kräftigen Sie Ihre Muskeln, halten die Gelenke geschmeidig und gewinnen an Selbstvertrauen.- Wie jede Yogaübung endet auch diese mit einer fünf- bis zehnminütigen vollständigen Entspannung in der Leichenstellung.

Mit Yoga beginnen

Auf den nächsten Seiten werden zehn grundlegende Yogaposen erklärt. Wir beginnen mit Liege- und Sitzposen und gehen weiter zu Tadasana, der Berg-Pose. Das richtige Stehen verbessert die Haltung und beseitigt oft Schmerzen, die durch eine schlechte Haltung verursacht werden. Die Stehposen, die auf Tadasana folgen, dehnen die Beine und die Wirbelsäule und kräftigen im Lauf der Zeit den gesamten Körper.

Ausruhen zwischen den Posen
Machen Sie nach einer intensiven Dehnung eine kurze Pause in einer anderen Pose. Beugen Sie sich z. B. kurz im Stehen vor.

Schritt für Schritt

Diese ersten zehn Posen sind ein gutes Programm für Anfänger. Gehen Sie jede Pose Schritt für Schritt durch. Die Anweisungen in den Bildunterschriften helfen Ihnen, die Pose einzunehmen, ohne sich zu überanstrengen. Die Dehnung am Ende sollte so lange, wie es Ihnen angenehm ist, gehalten werden.

Die Dreieckshaltung, die seitlich verlängerte Winkelpose und die Baum- Pose (siehe S. 46–53 und 58–61)

werden erst zu einer Seite des Körpers ausgeführt und dann zur anderen. Hetzen Sie nicht durch das Programm. Machen Sie jede Bewegung ganz bewusst und arbeiten Sie in Ihrem eigenen Tempo.

Zwingen Sie Ihren Körper nicht mit Gewalt in eine noch zu schwierige Pose. Gelenke und Muskeln, die über lange Zeit nicht bewegt wurden, müssen sich erst umgewöhnen. Hören Sie auf, sobald es schmerzhaft wird. Die wichtigste Regel lautet: Arbeiten Sie immer entsprechend Ihrer Möglichkeiten! Dehnen Sie sich, so weit Sie können, dann halten Sie ein. Beim nächsten Mal können Sie sich vielleicht schon etwas weiter dehnen.

Eine Pose beenden

Wenn Sie alle Schritte vollendet haben, wiederholen Sie diese in umgekehrter Reihenfolge, bis Sie wieder in der Ausgangsposition sind. Die Übungseinheit in diesem Kapitel endet mit einigen Minuten vollkommener Entspannung in der Leichenstellung (Savasana). Diese Pose sollte zukünftig jede Übungseinheit beenden.

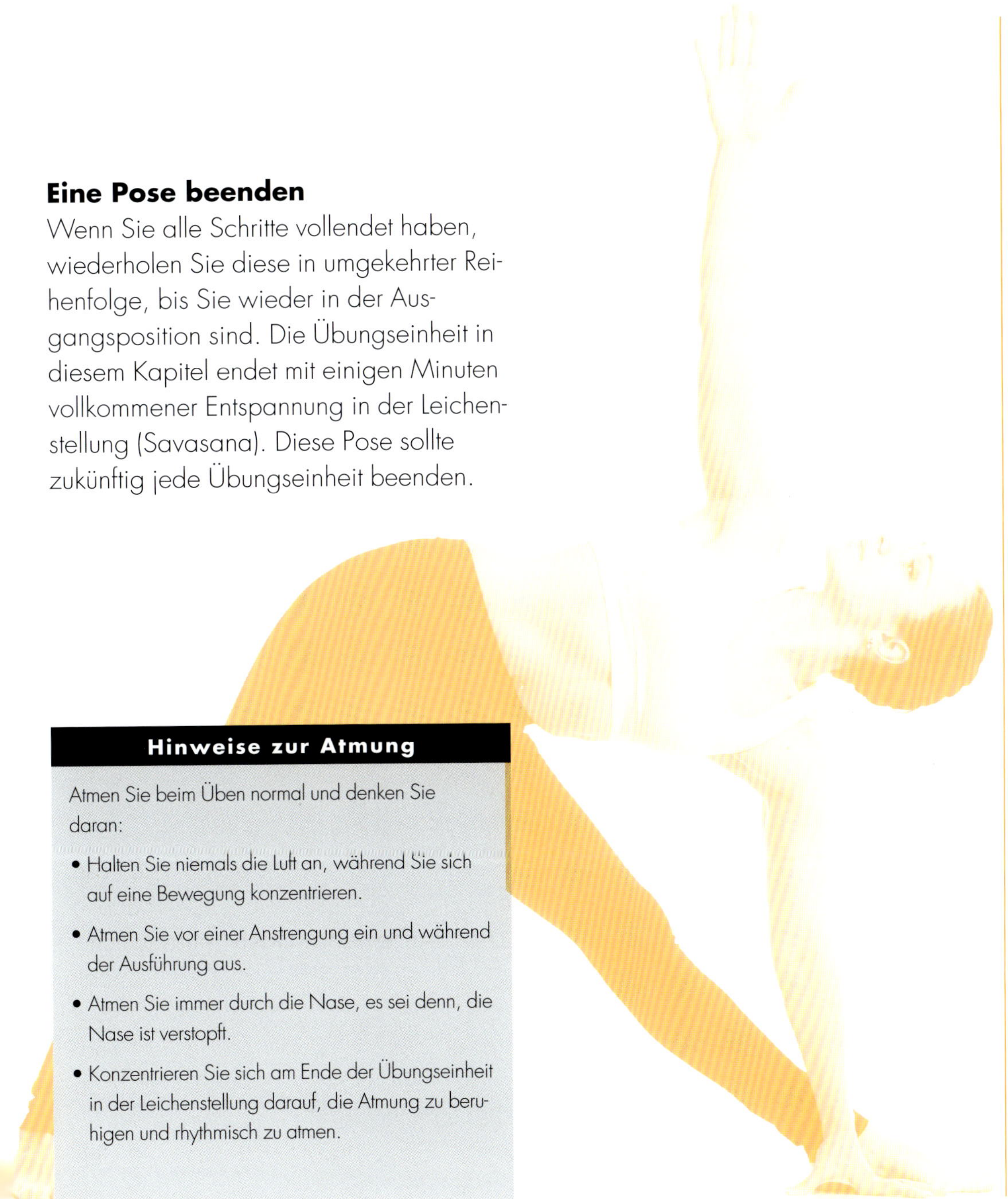

Hinweise zur Atmung

Atmen Sie beim Üben normal und denken Sie daran:

- Halten Sie niemals die Luft an, während Sie sich auf eine Bewegung konzentrieren.
- Atmen Sie vor einer Anstrengung ein und während der Ausführung aus.
- Atmen Sie immer durch die Nase, es sei denn, die Nase ist verstopft.
- Konzentrieren Sie sich am Ende der Übungseinheit in der Leichenstellung darauf, die Atmung zu beruhigen und rhythmisch zu atmen.

POSEN IM SITZEN UND LIEGEN

Der einfache Schneidersitz, **Sukhasana**, ist die Grundlage für viele Posen im Sitzen. Bei regelmäßiger Übung stärkt er den Rücken und macht die Hüften beweglich. Der Name der Pose auf der nächsten Seite, **Supta Tadasana** oder liegende Berg-Pose, klingt wie ein Gegensatz, ist aber die grundlegende stehende Position, nur im Liegen ausgeführt. Sie dehnt und entspannt den unteren Rücken.

Schneidersitz

1 *Sitzen Sie aufrecht, Hände an den Seiten, Beine gerade, Zehen angezogen. Drücken Sie Beine und Hände nach unten, heben Sie die Wirbelsäule an und beugen Sie das linke,dann das rechte Bein. Kreuzen Sie das rechte Schien-bein über das linke.*

2 *Entspannen Sie die Beine, strecken Sie die Wirbelsäule nach oben und legen Sie die Hände auf die Oberschenkel. Sitzen Sie 20 Sekunden, dann wiederholen Sie die Pose mit dem linken Schienbein über dem rechten.*

Liegende Dehnung

1 *Liegen Sie mit ausgestreckten Beinen, die Fußsohlen drücken gegen eine Wand, die Arme liegen mit den Handflächen nach unten an den Seiten.*

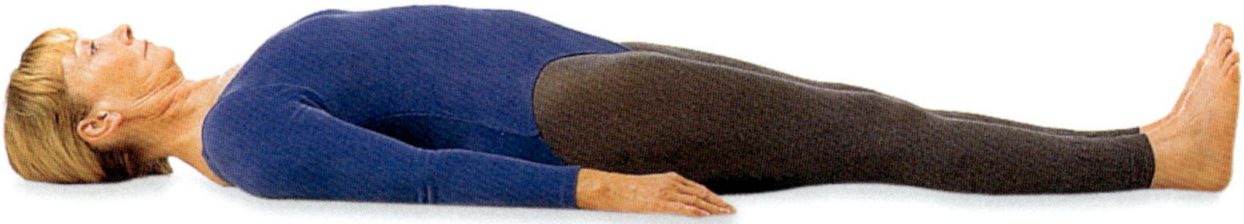

2 *Beugen Sie die Beine und passen Sie die Stellung des Beckens an, indem Sie die Knie beugen und zur Brust ziehen. Strecken Sie die Beine, bis die Fersen den Boden und die Fußsohlen die Wand berühren.*

3 *Heben Sie die Arme nach hinten, bis die Rückseiten der Hände den Boden berühren. Drücken Sie die Beine zu Boden und strecken Sie sich von den Lenden bis zu den Fingerspitzen und vom unteren Rücken bis zu den Füßen. Dehnung 20 Sekunden halten, dann entspannen.*

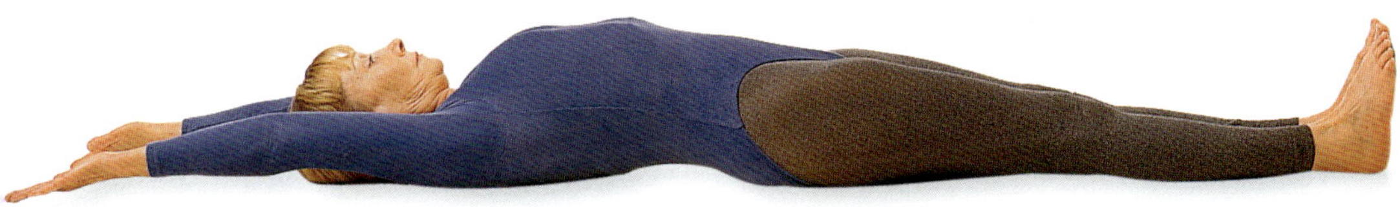

Bodenposen

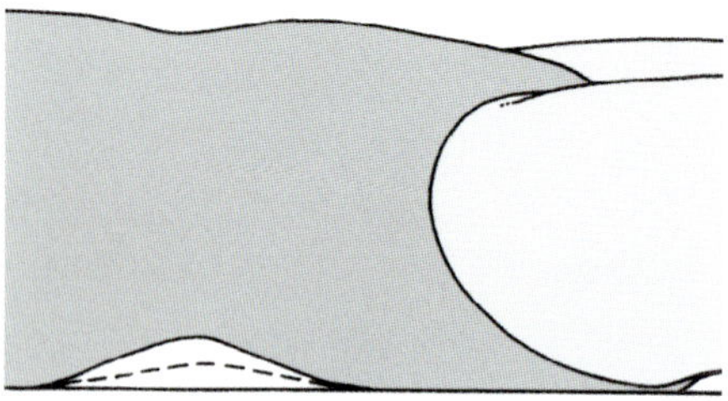

Die Wirbelsäule ausrichten
Wenn sich der untere Rücken im Liegen hochwölbt, können Sie ihn leicht zerren. Ziehen Sie die Beine an und strecken Sie diese wieder. Das vermindert die Krümmung.

Die Knie ausrichten

Wenn Sie auf einem Schaumstoffkissen oder einer gefalteten Decke sitzen, hebt sich Ihr Becken an und erleichtert Ihnen die Ausrichtung der Knie. Beim Überkreuzen der Beine müssen Ihre Knie genauso weit vom Boden entfernt sein wie die Hüftknochen. Am Anfang kann das recht schwierig sein. Das erhöhte Sitzen erleichtert das Senken der Knie. Wenn Ihre Knie steif sind, sollten Sie sie mit Decken stützen.

Buddha wird oft bei der Meditation im Lotussitz dargestellt. Dabei liegt jeder Fuß auf dem gegenüberliegenden Oberschenkel. Der Lotussitz ist eine von vielen Posen im Sitzen. Viele Menschen finden jedoch andere Sitzposen, z. B. den Schneidersitz auf S. 38, einfacher auszuführen. Bei all diesen Posen muss die Wirbelsäule gerade und nach oben gestreckt sein. Wenn Ihnen dies anfangs schwerfällt, setzen Sie sich auf eine mehrfach gefaltete Decke oder auf ein Schaumstoffkissen. So werden die Rückenmuskeln gestützt, während Sie an deren Kräftigung arbeiten.

Die liegende Dehnung analysieren
Das einfache Liegen auf dem Boden scheint keine Analyse zu benötigen, aber die Beachtung jedes noch so kleinen Details ist das Geheimnis einer wirkungsvollen Dehnung.

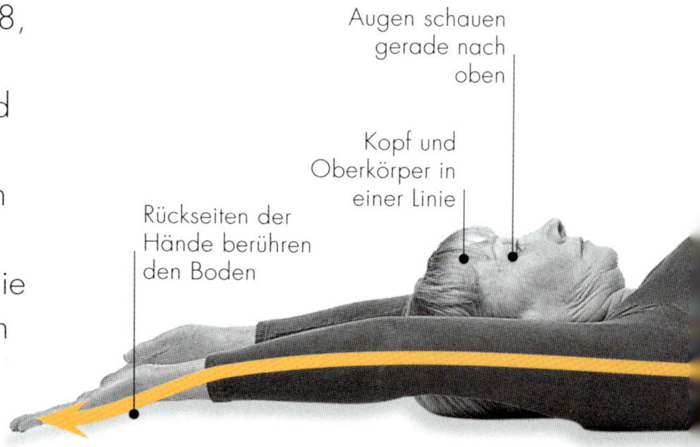

Liegeposen

Viele Yogaposen werden im Liegen ausgeführt. Supta Tadasana, die liegende Dehnung auf S. 39, ist eine gute Ganzkörperdehnung. Strecken Sie die Sitzbeine zu den Füßen hin und drücken Sie die Beine und Fersen zu Boden. Dehnen Sie sich von der Hüfte bis zum Kopf, von den Armen zu den Fingerspitzen und von den Beinen zu den gegen die Wand gepressten Füßen.

Hinweise

- Wenn Sie sich im Sitzen oder Liegen nach oben strecken, sollte der Brustkorb seine normale Position beibehalten, sodass die unteren Rippen nicht hervorstehen.
- Strecken Sie die Sitzbeine im Sitzen zum Boden, bzw. im Liegen zu den Füßen, während Sie die Hüfte anheben.
- Halten Sie die Schultern gerade, aber entspannt, sodass die Schulterblätter flach an den Rippen anliegen, während Sie die Wirbelsäule nach oben strecken.

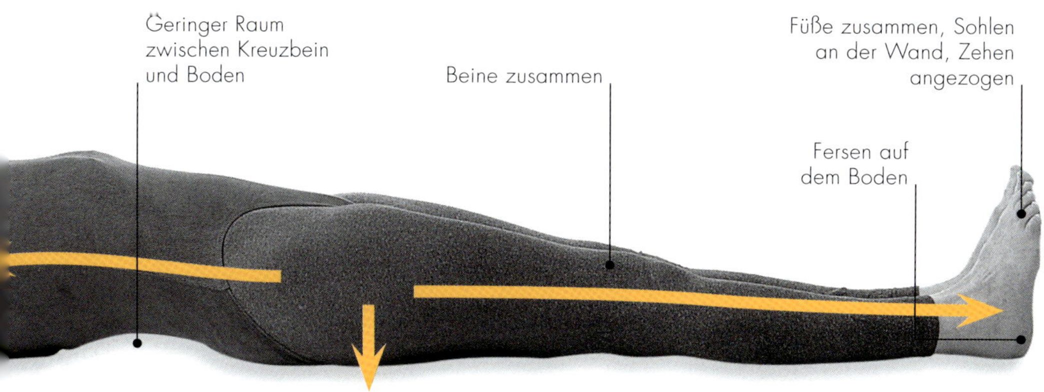

Berg-Pose

Die stehende Grundpose im Yoga wird Tadasana oder Berg-Pose genannt, da Sie dabei so aufrecht und unbeweglich wie ein Berg stehen.

STEHEN **Tadasana**, die stehende Berg-Pose, kann drinnen und draußen geübt werden, z. B. wenn Sie auf den Bus warten oder in einer Kassenschlange stehen. Sie ist die Grundlage für eine gute Haltung und folglich für eine gute Gesundheit. Machen Sie es sich zur Gewohnheit, in Tadasana zu stehen. Die Pose korrigiert eine schlechte Haltung und beseitigt Rücken- und Gelenkschmerzen, sodass sich Ihr ganzer Körper gesünder und leichter anfühlt. Sie vertieft Ihr Verständnis für jede andere Yogapose.

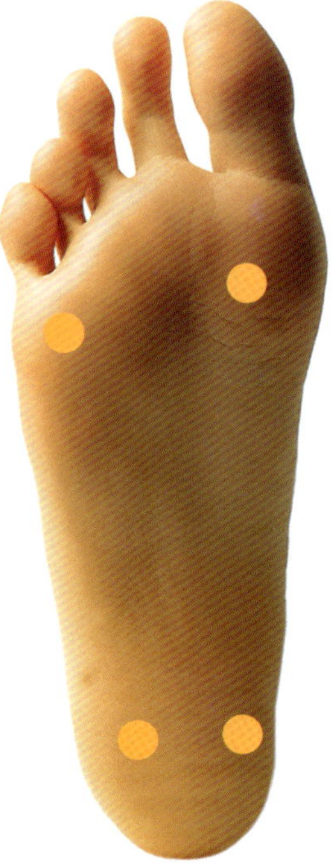

Balancepunkte

Dehnen Sie den Fuß in die Länge und Breite. Strecken Sie die Zehen nach vorne und verteilen Sie Ihr Gewicht gleichmäßig auf alle vier Balancepunkte an den Fußsohlen (siehe Diagramm).

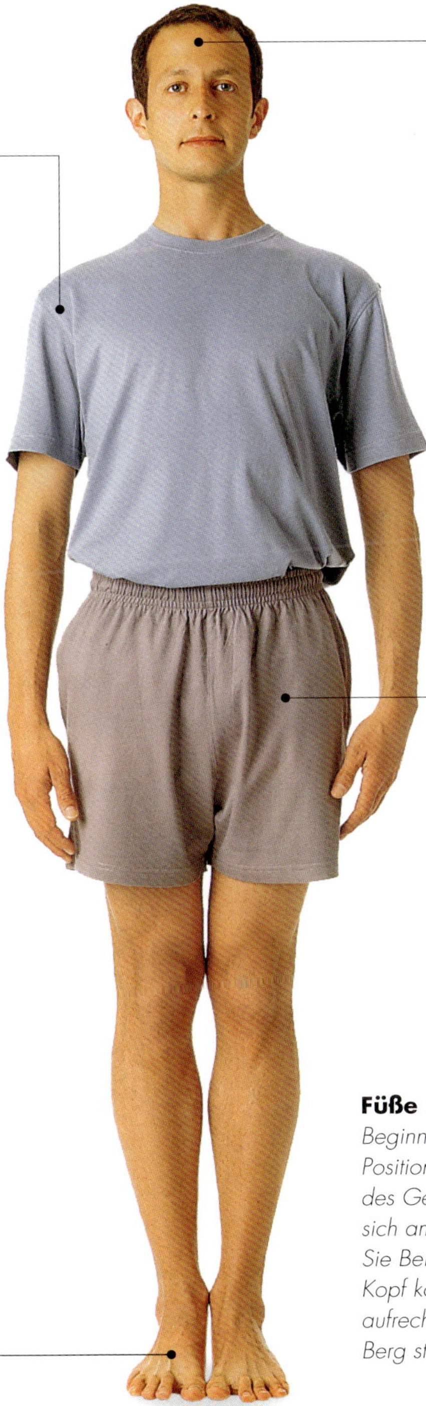

Füße zuerst

Beginnen Sie, indem Sie über die Position Ihrer Füße und die Verteilung des Gewichts nachdenken. Arbeiten Sie sich am Körper nach oben und richten Sie Beine, Hüfte, Rumpf, Schultern und Kopf korrekt aus. Am Ende sollten Sie so aufrecht und fest wie ein Berg stehen.

Die Haltung verbessern

Eine aufrechte Wirbelsäule ist die Grundlage einer guten Haltung. Das heißt nicht, dass diese schnurgerade sein soll. Eine Wirbelsäule, die korrekt ausgerichtet ist, streckt sich vom Kreuzbein, dem schildförmigen Knochen am unteren Ende, nach oben und macht dabei drei natürliche Kurven (siehe S. 26–27).

Das Becken ausrichten

Die richtige Position des Beckens ist der Schlüssel zur aufrechten Haltung. Um die Wirbelsäule vom Kreuzbein aus aufrichten zu können, muss das Becken korrekt ausgerichtet sein. Prüfen Sie dies daher zu Beginn aller Yogaposen, am besten in der Berg-Pose. Dabei strecken Sie die Sitzbeine nach unten und heben die Vorderseite des Körpers aus der Hüfte heraus an.

Wenn Ihre Rückenmuskeln schwach sind, neigt das Becken dazu, nach vorne zu kippen, und Sie heben den Körper aus der Taille heraus an. Im Laufe der Zeit korrigiert das Üben der Berg-Pose diesen Fehler, indem die Rückenmuskeln gestärkt werden. Sie werden in der Lage sein, den Rumpf in stehenden und sitzenden Posen problemlos aus der Hüfte anzuheben.

Mehr Stabilität

Verteilen Sie Ihr Gewicht am Anfang der Pose gleichmäßig auf die Balancepunkte an Fersen und Ballen. Das gibt Ihnen Stabilität. Heben Sie den Spann an, während Sie die Beine nach oben dehnen, den Rumpf anheben und den unteren Rücken ausrichten.

Wenn Sie diese Pose zu einem Teil Ihres täglichen Programms machen, sind jegliche Rückenschmerzen bald Vergangenheit.

Hinweise

- Strecken Sie die Beine ohne die Knie zu versteifen, indem Sie die Kniescheiben anheben und die Beinmuskeln nach oben dehnen.
- Halten Sie die Hüftknochen in einer Linie mit den Knöcheln.
- Ziehen Sie den Bauch nicht ein. Heben Sie die Vorderseite des Beckens an und der Bauch bewegt sich automatisch in Richtung Wirbelsäule.

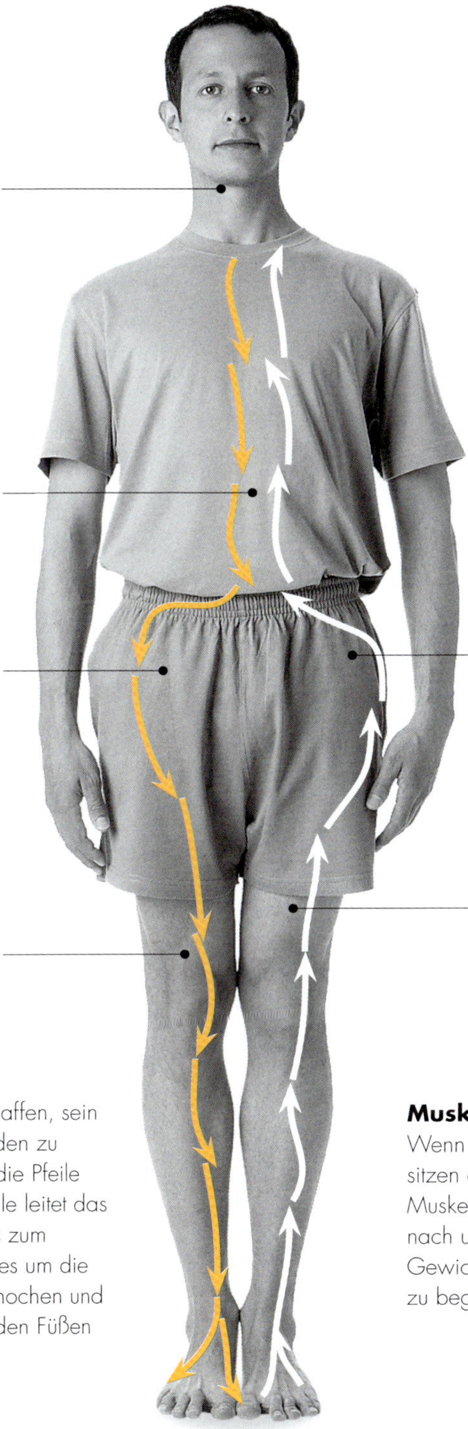

Das Körpergewicht

Der Körper ist dazu geschaffen, sein eigenes Gewicht zum Boden zu leiten. Dieses wird durch die Pfeile angezeigt. Die Wirbelsäule leitet das Gewicht des Oberkörpers zum Kreuzbein. Von dort wird es um die Hüfte herum zu den Hüftknochen und weiter über die Beine zu den Füßen geleitet.

Muskelarbeit

Wenn Sie gerade stehen, in Tadasana, sitzen oder sich bewegen, arbeiten die Muskeln immer nach oben, um den nach unten drückenden Kräften Ihres Gewichts und der Erdanziehungskraft zu begegnen.

DREIECK **Utthita Trikonasana** – In der Dreieckshaltung beginnen Sie, an der Beweglichkeit von Hüfte und Beinen zu arbeiten. Wie bei allen stehenden Posen fangen Sie in der Berg-Pose an und formen dann mit dem Körper, den Armen und den Beinen eine Reihe von Dreiecken.

1 *Stehen Sie in der Berg-Pose und springen Sie mit den Füßen ca. 1 m weit auseinander. Heben Sie dabei die Arme auf Schulterhöhe. Drehen Sie die Handflächen nach unten. Die Füße stehen parallel.*

2 *Dehnen Sie sich von Kopf bis Fuß und vom Brustbein zu den Fingern. Drehen Sie den linken Fuß leicht nach innen und den rechten Fuß und das Bein nach außen, rechtwinklig zum Körper. Richten Sie die rechte Ferse mit dem linken Spann aus.*

Atmung

Atmen Sie ein, bevor Sie mit den Füßen in Schritt 1 nach außen springen und bevor Sie am Ende wieder zurückspringen. Atmen Sie aus, wenn Sie den Körper in Schritt 3 nach links oder rechts dehnen. Atmen Sie normal, während Sie die Pose halten.

3 *Atmen Sie ein und dehnen Sie sich nach oben. Atmen Sie aus. Beugen Sie sich nach rechts, bis die rechte Hand hinter der Wade den Boden berührt. Richten Sie den Rumpf mit den Beinen aus und strecken Sie den linken Arm in einer Linie mit dem rechten nach oben. Schauen Sie auf die linke Hand. 10–15 Sekunden halten.*

An der Wand stützen

Üben Sie die Pose, indem Sie sich mit dem Rücken an einer Wand abstützen. So fällt es Ihnen leichter, die Schultern in einer Linie mit der Hüfte und den Beinen zu halten.

Wiederholen und beenden

Am Ende von Schritt 3 drehen Sie den Kopf nach vorne und heben den Rumpf an. Kehren Sie die Positionen Ihrer Füße um und wiederholen Sie Schritt 2 und 3 nach links. Zum Abschluss drehen Sie sich nach vorne, richten sich auf, drehen die Füße nach vorne, atmen ein, springen wieder zusammen, senken die Arme und stehen in Tadasana.

Die korrekte Ausrichtung

Die korrekte Ausrichtung aller Körperteile ist der Schlüssel zur Dreieckshaltung. Dieses beinhaltet die Dehnung des gesamten Körpers. Die Pose beginnt mit einer Dehnung: eine ordentliche Tadasana (siehe S. 42–45), die den Körper von den Füßen bis zum Scheitel streckt. Nachdem Sie mit den Füßen nach außen gesprungen sind, halten Sie ein, um die Beine zu dehnen, das Brustbein anzuheben und die Arme zu den Seiten zu strecken.

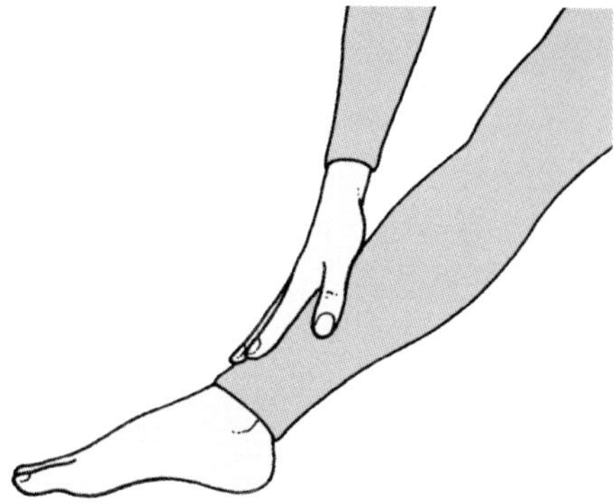

Die Pose einnehmen
Wenn Sie beim Vorbeugen in Schritt 3 anfangs nur die Wade erreichen können, lassen Sie die Hand dort ruhen. Arbeiten Sie sich langsam bis zum Boden vor.

Die Dehnung erweitern

Bevor Sie sich aus der Hüfte beugen, sollten Sie die Dehnung halten. Achten Sie darauf, dass sich Ihre Beine weiter nach oben und die Sitzbeine zu Boden strecken. Heben Sie den Rumpf nach beiden Seiten. So können Sie sicher sein, dass Sie die Pose richtig ausführen, auch wenn Sie mit der Hand den Boden nicht erreichen. Lassen Sie diese stattdessen auf Ihrem Bein, einem Stuhl oder auf einem Bücherstapel ruhen und konzentrieren Sie sich auf die Dehnung, während Rücken und Beine weiterhin korrekt ausgerichtet sind. Die Steifheit in Ihrer Hüfte wird bald nachlassen, sodass Sie ihre Hand bei jedem Mal ein Stück tiefer senken können.

Hinweise

- Lassen Sie Ihren Rumpf nicht nach vorne kippen. Halten Sie den Rumpf, als befinde er sich an einer Wand.
- Drücken Sie die Oberschenkel nach hinten.
- Drehen Sie das rechte Bein nach rechts und lassen Sie das linke weiter nach vorne zeigen.

Die Dreieckshaltung analysieren

Nachdem Sie die Grundlagen gelernt haben, müssen Sie nun an den Details arbeiten. Man begeht leicht den Fehler, den Rumpf nach vorne zu kippen oder die Beine nach innen zu drehen. Die kleinen Details machen bei jeder Yogapose den Unterschied aus. Konzentrieren Sie sich daher ganz auf die im Diagramm aufgeführten Punkte und dehnen Sie sich in die von den Pfeilen angegebenen Richtungen.

SEITLICH VERLÄNGERTER WINKEL

Dreiecke sind auch das Hauptthema der Pose **Utthita Parsvakonasana**. Hier dehnen Sie sich von den Füßen über die Seiten bis zu den Fingerspitzen und formen mit Ihrem gesamten Körper ein Dreieck. Diese Pose kräftigt die Knöchel, Waden, Knie und Oberschenkel und macht Hüfte und Taille schmal.

2 *Drehen Sie Ihren linken Fuß um ca. 15° nach innen und den rechten um 90° nach außen. Drehen Sie das Bein aus der Hüfte. Atmen Sie ein und beugen Sie das rechte Bein, bis es einen rechten Winkel bildet.*

1 *Stehen Sie in Tadasana, strecken Sie sich hoch, atmen Sie ein und springen Sie mit den Füßen ca. 1,5 m weit auseinander. Heben Sie die Arme auf Schulterhöhe (Handflächen nach unten). Halten Sie die Füße und Fersen parallel ausgerichtet.*

Ihre Schrittlänge

Bei einigen Posen im Stehen sollten Sie mit den Füßen 1–1,5 m weit auseinanderspringen. Wie weit Sie jedoch wirklich springen können, hängt von der Länge Ihrer Beine ab: 90–110 cm könnten für eine kleine Person genau richtig sein und 120–140 cm für eine große.

3 *Strecken Sie sich nach oben, beugen Sie den Oberkörper nach rechts und legen Sie Ihre rechte Hand neben den Knöchel auf den Boden. Gleichzeitig strecken Sie den linken Arm gerade nach oben.*

4 *Drehen Sie den linken Arm nach rechts und führen Sie ihn zum Kopf. Ihre linke Seite bildet eine gerade Linie vom Fuß bis zu den Fingerspitzen. Schauen Sie nach oben und halten Sie die Position 10–15 Sekunden.*

Wiederholen und beenden

Drehen Sie sich wieder nach vorne, strecken Sie das rechte Bein und drehen Sie die Füße nach vorne. Dann wiederholen Sie die Schritte 2 und 3 nach links.

Seitliche Dehnung

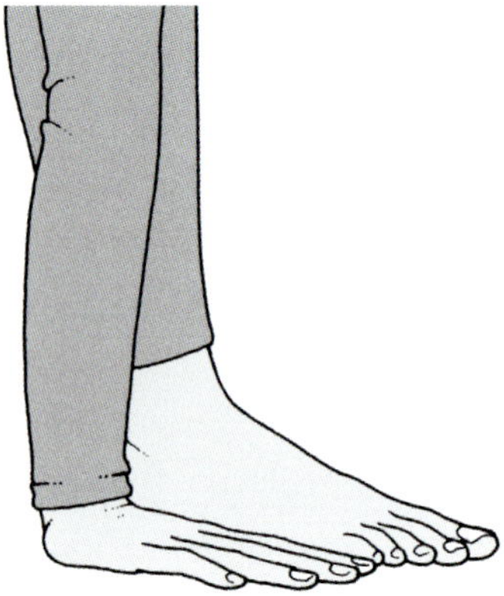

An der Haltung arbeiten

Wenn Sie in Schritt 2 das Knie beugen, muss sich Ihr Schienbein im 90°-Winkel zum Boden befinden. Legen Sie in Schritt 3 die rechte Hand neben den rechten Knöchel.

Die verlängerte Winkel-Pose dehnt beide Seiten des Körpers. Um davon zu profitieren, sollten Sie die Dehnung aus dem ersten Schritt, bei dem Sie einatmen und sich aus den Lenden nach oben dehnen, beibehalten.

Achten Sie auch auf die Position Ihrer Füße, wenn Sie sich in Schritt 2 drehen. Bewegen Sie die Zehen des linken Fußes leicht nach innen, drücken Sie die Außenseite des Fußes zu Boden, heben Sie den Spann an und drehen Sie das Bein aus der Hüfte heraus nach vorne.

Dann drücken Sie die Oberschenkelmuskeln nach hinten und drehen das rechte Bein, bis sich der Fuß im rechten Winkel zum Rumpf befindet. Richten Sie den Fuß mit dem linken Spann aus.

Zur Seite beugen

Halten Sie die Dehnung nach oben während der seitlichen Beugung aufrecht. Der Rumpf zeigt weiter nach vorne, während Sie die rechte Seite entlang des Oberschenkels dehnen. Legen Sie die rechte Hand neben den Knöchel, direkt unterhalb der Schulter. Falls Ihnen das schwerfällt, legen Sie den Ellbogen auf den Oberschenkel oder lassen Sie die Hand auf einem Stapel Bücher neben dem rechten Knöchel ruhen. Anschließend dehnen Sie den linken Arm erst nach oben und dann nach rechts. Die linke Seite Ihres Körpers bildet eine Linie von der Außenseite des linken Fußes über das gestreckte Bein, die Hüfte, die Seite und den gestreckten linken Arm.

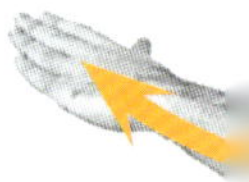

Hinweise

- Halten Sie Kopf, Schultern, Rumpf und Hüfte in einer Linie. Lassen Sie die Schultern und den Rumpf nicht nach vorne kippen.
- Drehen Sie das Bein aus der Hüfte in die gleiche Richtung wie die Füße. Beine, Knie und Füße weisen in die gleiche Richtung.

Den seitlich verlängerte Winkel analysieren

Arbeiten Sie an den Details, um Schritt 4 der Pose zu verbessern.

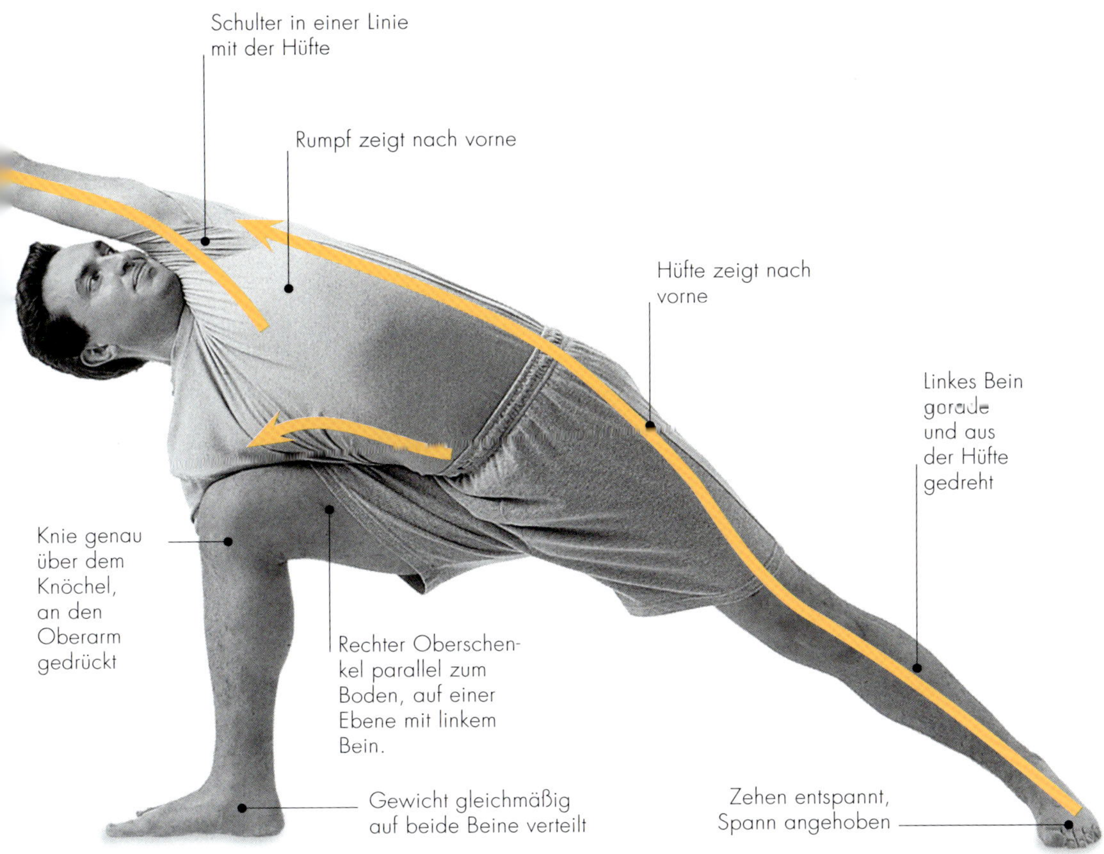

VORBEUGEN

Nach den Anstrengungen der letzten beiden Posen ist Entspannung nötig. Das Vorbeugen ist besonders gut zur Entlastung des Rückens geeignet. Dies ist die erste der vielen klassischen Beugeübungen, die im Sitzen oder Stehen ausgeführt werden und allesamt sehr nützlich sind.

Vorbeugen im Knien

1 *Knien Sie auf der Matte, die Füße zusammen, die Knie ca. 30 cm auseinander. Setzen Sie sich auf Ihre Fersen. Legen Sie die Hände neben der Hüfte auf den Boden.*

2 *Während Ihr Po weiterhin die Fersen berührt, beugen Sie sich aus der Hüfte und strecken die Arme vor. Ihre Brust liegt nun auf den Oberschenkeln und die Stirn berührt die Matte. Die Hände liegen mit den Handflächen nach unten vor dem Kopf auf der Matte. Entspannen Sie die Arme und halten Sie die Pose 20 Sekunden. Atmen Sie dabei normal. Dann richten Sie sich auf, bis Sie wieder knien.*

Vorbeugen im Stehen

1 *Stehen Sie ca. 1 m von der Rückenlehne eines Stuhls entfernt. Die Füße sind 30 cm auseinander, das Gewicht ist gleichmäßig auf Ballen und Fersen verteilt. Strecken Sie sich nach oben, atmen Sie ein und heben Sie die Arme über den Kopf. Dehnen Sie sich dabei bis in die Fingerspitzen.*

2 *Beim Ausatmen beugen Sie sich vor und legen die Hände schulterbreit auf die Lehne. Bewegen Sie die Hüfte zurück, bis sie sich über den Fersen befindet. Senken Sie den Kopf auf Schulterhöhe. Atmen Sie ein und dehnen Sie den Rumpf 20 Sekunden nach vorne. Atmen Sie normal weiter. Dann heben Sie die Arme, richten sich auf und stehen kurz in Tadasana.*

Nach vorne beugen

Sich nach vorne zu beugen beruhigt den Geist und entspannt den Körper. Der Schwerkraft wird durch die Dehnung jedes einzelnen Wirbels entgegengewirkt. Das Vorbeugen im Knien ist ein gutes Mittel gegen Rückenschmerzen, wenn Sie den ganzen Tag auf den Beinen waren.

Falls Ihnen das Knien anfangs schwerfällt, legen Sie eine Decke unter. Die Position kann mit geschlossenen

Knien ausgeführt werden. Es ist jedoch einfacher, den Po an die Fersen und die Stirn auf die Matte zu legen, wenn die Knie geöffnet sind. Falls Ihnen die Pose am Anfang Schwierigkeiten macht, legen Sie die Stirn auf einen Schaumstoffblock oder auf eine gefaltete Decke. Sie können sich auch einen Schaumstoffblock auf die Fersen legen. Die Steifheit in Knien, Hüfte und Wirbelsäule wird bald nachlassen, sodass Sie dann auf die Hilfsmittel verzichten können.

Vorbeugen im Knien analysiert

Nachdem Sie die Grundlagen der Übung auf S. 54 beherrschen, müssen Sie an den Feinheiten arbeiten.

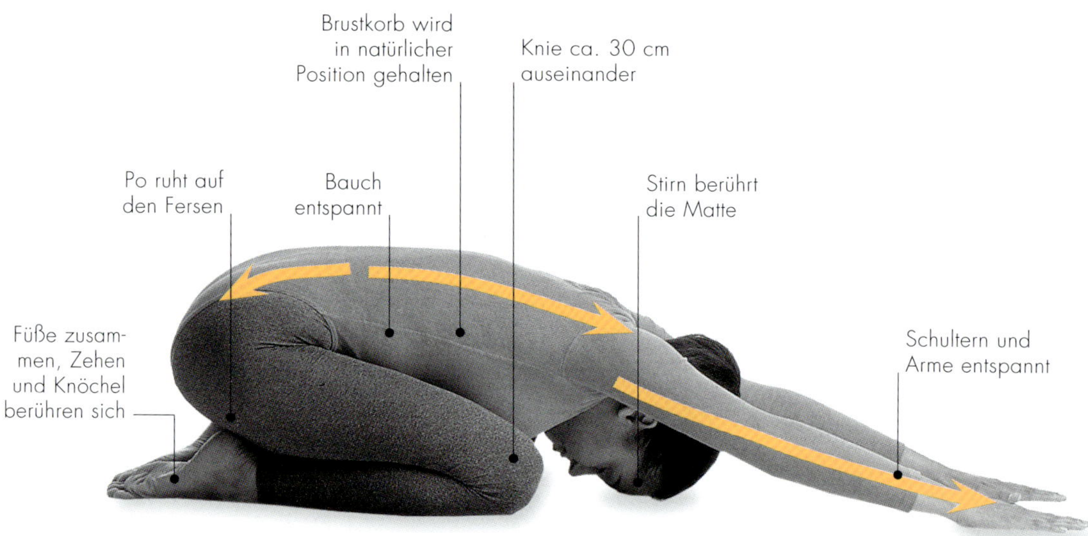

Aus der Hüfte beugen

Das Vorbeugen im Stehen lockert die Muskeln und Sehnen auf der Rückseite der Oberschenkel. Da Sie sich nur aus der Hüfte beugen, besteht keine Gefahr, dass Sie diese zu schnell zu weit dehnen. Wählen Sie eine ungefähr hüfthohe Stuhllehne (oder einen Tisch) aus. Ist sie höher, werden die Sehnen nicht ordentlich gedehnt, ist sie niedriger, besteht die Gefahr, dass Sie sich aus der Taille heraus vorbeugen. Strecken Sie die Beine nur so weit durch, dass es nicht weh tut.

Das Vorbeugen im Stehen analysieren

Beachten Sie genau die unten aufgeführten Details. So verbessern Sie die Wirksamkeit der Übung.

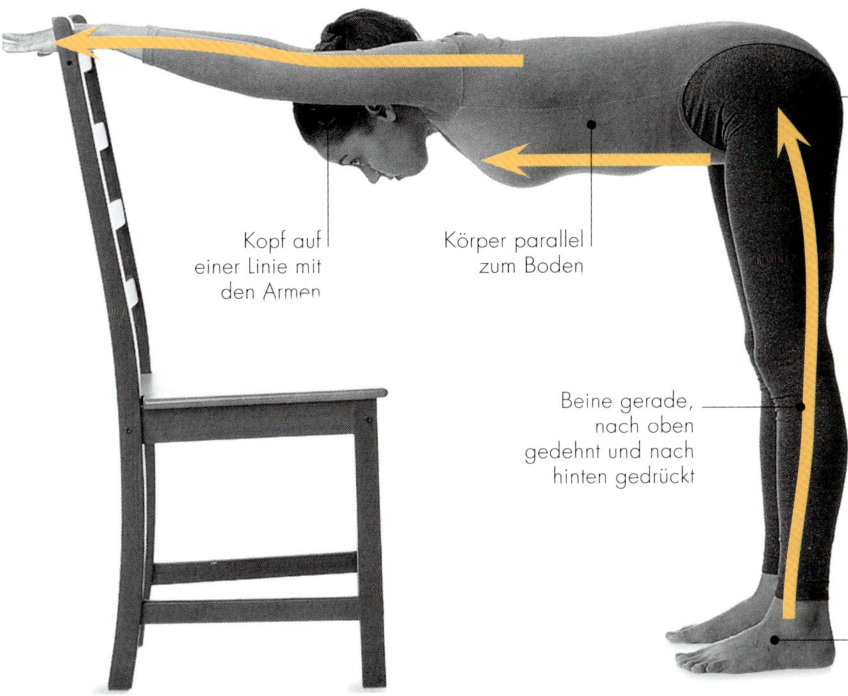

Inspiration aus der Natur
In der Baum-Position strecken sich Ihre zusammengelegten Hände wie die obersten Zweige einer Bergkiefer himmelwärts.

BAUM

Das Erreichen des perfekten Gleichgewichts ist grundlegend für alle Aspekte von Yoga. Anfangs werden Sie bei **Vrksasana**, der Baum-Position, vermutlich wackeln. Wenn Sie aber weiter üben, werden Sie bald merken, wie Ihre Beine und Ihre Knöchel kräftiger werden und sich Ihr Gleichgewichtssinn verstärkt. Das Vertrauen in Ihr Gleichgewicht verbessert die Haltung. Die Baum-Position dehnt den Körper von Kopf bis Fuß, kräftigt die Muskeln in den Beinen und richtet die Wirbelsäule auf.

1 *Stehen Sie in Tadasana. Verlagern Sie Ihr Gewicht auf das linke Bein, drehen Sie das rechte Bein nach außen, beugen Sie das Knie und umfassen Sie den Knöchel mit der rechten Hand.*

2 *Legen Sie den rechten Fuß kurz unterhalb der Leiste an den linken Oberschenkel. Pressen Sie Fuß und Oberschenkel gegeneinander. Breiten Sie die Arme auf Schulterhöhe aus.*

Die Beine ausrichten

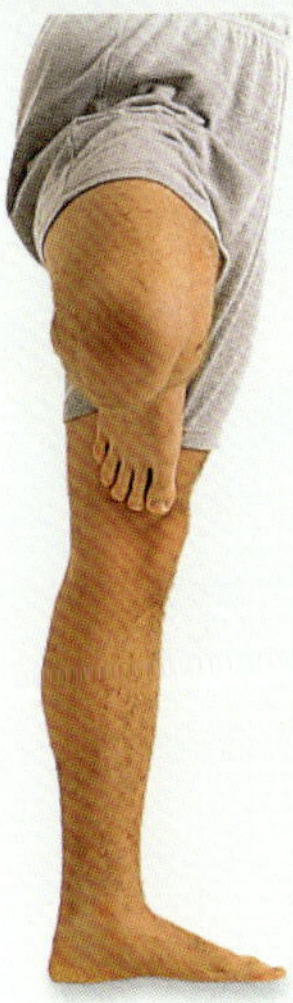

Nachdem Sie die rechte Fußsohle an den linken Oberschenkel gelegt haben, dehnen Sie das linke Bein hoch und bringen das rechte Knie und den Oberschenkel wieder in eine Linie mit der Hüfte.

3 *Drehen Sie die Handflächen nach oben und atmen Sie ein. Beim Ausatmen strecken Sie die Arme hoch und führen die Hände über dem Kopf so weit wie möglich zusammen. Position 10–15 Sekunden halten.*

Wiederholen und beenden

Senken Sie die Arme und das rechte Bein. Stehen Sie in Tadasana. Gewicht nach rechts verlagern und die Übung wiederholen. Dann senken Sie die Arme und Beine und machen eine Pause.

Das Gleichgewicht

Um das Gleichgewicht in der Baum-Pose zu halten, müssen Sie mit einer guten Tadasana-Pose beginnen. Dehnen Sie das Bein, auf das Sie Ihr Gewicht verlagern, weiter nach oben. Anfangs wird Ihre Hüfte steif sein, sodass es Ihnen schwerfällt, den Fuß zum Oberschenkel zu heben. Sie können Hilfestellung leisten, indem Sie den Fuß mit einem Gürtel hochziehen und halten. Im Laufe der Zeit lockert sich das Gelenk. Obwohl der Gürtel verhindert, dass Sie beide Arme heben, ermöglich er Ihnen, beim Dehnen aufrecht zu stehen.

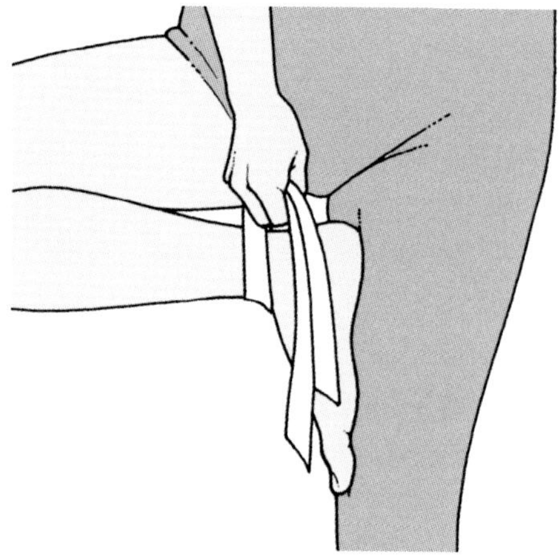

An der Pose arbeiten
Wenn Sie den Fuß nicht am Oberschenkel halten können oder wenn Ihre Arme zu kurz sind, um den Knöchel zu erreichen, können Sie einen Gürtel um den Knöchel wickeln und den Fuß damit halten.

Schlüssel zum Gleichgewicht

Der Schlüssel zum Halten des Gleichgewichts ist das Aneinanderdrücken von Fuß und Oberschenkel. Stellen Sie sich vor, dass Ihre Fußsohle und die Innenseite des Oberschenkels wie Magnete arbeiten, die sich gegenseitig anziehen. Weiterhin ist es hilfreich, die Sitzbeine nach unten zu strecken und den Blick auf einen Gegenstand in Augenhöhe zu richten.

Die Dehnung ausnutzen

Sobald Sie im Gleichgewicht sind, heben Sie die Arme auf Schulterhöhe mit den Handflächen nach unten (falls eine Hand den Gürtel hält, legen Sie die freie Hand auf die Hüfte). Halten Sie den Kopf gerade und drehen Sie die Handflächen nach oben. Beim Ausatmen strecken Sie die Arme über den Kopf. Halten Sie diese Position und dehnen Sie sich kräftig von Kopf bis Fuß.

Hinweise

- Halten Sie Knie und Oberschenkel in einer Linie mit dem Rumpf.
- Halten Sie die Hüfte gerade.
- \Strecken Sie die Sitzbeine nach unten.
- Heben Sie das Brustbein, während Sie die Arme hochstrecken, aber schieben Sie den Brustkorb nicht nach vorne.

Die Baum-Pose analysieren

Achten Sie genau auf jedes Detail, um zu lernen, wie man in dieser Position das Gleichgewicht hält.

BEINDEHNUNG **Urdhva Prasarita Padasana** ist eine gute Übung bei Erschöpfung oder bei Schmerzen in Beinen und Füßen. Sie kann auch zur Erholung zwischen den anstrengenden Posen in Kapitel vier eingeschoben werden. Manchmal wird sie auch gegen Blähungen empfohlen. Ohne die Unterstützung einer Wand kräftigt sie Ihre Bauchmuskeln.

1 *Liegen Sie auf einer Seite, Beine gebeugt, Po an der Wand.*

2 *Lassen Sie den Po an der Wand und drehen Sie sich auf den Rücken. Strecken Sie beide Beine hoch, sodass Ihre Oberschenkel, Waden und Fersen gegen die Wand gepresst sind.*

An der Position arbeiten

Ihre gesamte Wirbelsäule sollte auf der Matte liegen. Zwischen Ihrem Po, der Matte und der Wand sollte keine Lücke sein. Falls Ihre Achillessehnen verkürzt sind, wird sich Ihr Po von der Matte heben, wenn Sie die Beine strecken. Um die Lücke zu schließen, rutschen Sie ein Stück von der Wand weg und vergrößern Sie den Winkel zwischen Beinen und Rumpf. Im Laufe der Zeit lockern sich die Achillessehnen, sodass Sie den Winkel verkleinern können.

3 *Dehnen Sie die Beine nach oben und strecken Sie die Arme nach hinten. Zwischen Wand und Oberschenkel sowie zwischen Po und Boden sollte keine Lücke sein. Halten Sie die Position 15–20 Sekunden.*

Beenden und ausruhen

Führen Sie die Arme zu den Seiten, beugen Sie die Knie und drehen Sie sich auf die Seite, bevor Sie aufstehen.

KLASSISCHE POSEN

Wenn Sie mit den zehn Grundposen in Kapitel drei vertraut sind, möchten Sie sicher gerne neue Stellungen lernen. In diesem Kapitel werden 40 klassische Posen Schritt für Schritt vorgestellt. Dabei gibt es sechs Hauptkategorien: Posen im Sitzen und Stehen, Bodenposen, Drehungen im Sitzen, Beugen nach hinten und Kopfstände. Die Posen folgen aufeinander und das Kapitel endet mit einigen lustigen Übungen für die Schultern und Hände.

Fortschritte

Die zehn Posen im dritten Kapitel sind die Grundlage für viele Asanas. Je weiter Sie fortschreiten, desto mehr neue Posen lernen Sie, aber Sie hören niemals auf, die zuerst gelernten weiterzuüben. Auch diejenigen, die seit vielen Jahren Yoga treiben, arbeiten immer noch daran, Tadasana zu verbessern. Jede einzelne Pose wird lebenslang geübt.

Stehposen

Sie müssen die Posen in diesem Kapitel nicht in der angegebenen Reihenfolge durcharbeiten. Anfänger sollten mit einigen der Stehposen auf S. 75–105 beginnen, da sie die Ausdauer erhöhen und die Beweglichkeit verbessern. Das Üben der einfacheren Stehposen (die durch ein hellblaues Symbol in der rechten oberen Ecke gekennzeichnet sind) mit einer Wand als Unterstützung hilft Ihnen, z. B. nach einer Krankheit wieder zu Kräften zu kommen. Es ist nicht sinnvoll, Posen besonders lange halten zu wollen. Am besten ist es, eine Pose fünf bis zehn Sekunden zu halten, sich auszuruhen und sie zu wiederholen. So verbessern Sie sich ständig.

Ganzheitliche Übung

Alle Posen arbeiten mit dem ganzen Körper. Konzentrieren Sie sich daher nicht zu sehr auf nur eine Körperregion.
Die energischeren Sitzposen sowie die Bodenposen sind anfangs mühsam. Ach-

ten Sie darauf, sich nicht zu überanstrengen. Lassen Sie sich Zeit, um Ihre Beweglichkeit und Ihre Kraft zu verbessern, und seien Sie mit sich zufrieden. Beim Yoga kann man nicht gewinnen. Verbessern Sie Ihre Beweglichkeit lieber allmählich. Wenn eine Pose zu schwer ist, üben Sie so lange einfachere Posen, bis Sie beweglich genug sind.

Unterstützung und Schutz

Lernen Sie jede Pose, indem Sie sich an die Anweisungen auf den farbigen Seiten halten. Auf den schwarz-weißen Seiten wird die jeweilige Pose anschließend analysiert. Verwenden Sie ruhig Hilfsmittel wie Schaumstoffblöcke, gefaltete Decken oder dicke Bücher zum Stützen des Rückens, bzw. Gürtel als Hilfestellung bei Dehnungen. Benutzen Sie immer Hilfsmittel bei den Kopfständen (siehe S. 186–193). Drehen Sie sich grundsätzlich zur Seite, bevor Sie aus den liegenden Positionen aufstehen. Behalten Sie diese Warnhinweise im Kopf, aber scheuen Sie nicht vor bestimmten Posen zurück. Wenn Sie ein wenig abenteuerlustig sind, werden Sie erstaunt sein, wie viel Sie erreichen können.

Die Posen erforschen
Trauen Sie sich, auch schwierige Posen auszuprobieren. Einige werden erstaunlich einfach sein, an anderen werden Sie mehr arbeiten müssen.

VERLÄNGERTE BEINDEHNUNG

Bei diesen beiden Posen wird an der vollständigen Dehnung der Beine gearbeitet. Sie verbessern das Gleichgewicht und stärken die Muskeln. Damit sie für Anfänger geeignet sind, wird mit Hilfsmitteln gearbeitet. Sie brauchen ein stabiles Möbelstück, auf das Sie Ihr gestrecktes Bein ablegen können.

Utthita Hasta Padangusthasana I

1 *Stehen Sie in Tadasana, ca. 1 m vom Stuhl (Tisch usw.) entfernt. Dehnen Sie die Beine und die Wirbelsäule nach oben. Beugen Sie das rechte Bein und legen Sie es mit der Ferse auf den Stuhl.*

2 *Schlingen Sie einen Gürtel um den rechten Fuß und halten Sie ihn mit beiden Händen. Stehen Sie aufrecht mit geraden Armen. Dehnen Sie das rechte Bein, indem Sie mit dem Fuß gegen den Gürtel drücken. Halten Sie die Pose 20 Sekunden.*

Wiederholen und beenden

Nehmen Sie den rechten Fuß herunter, dehnen Sie sich kurz nach oben und wiederholen Sie die Übung mit dem linken Fuß.

Utthita Hasta Padangusthasana II

1 *Stehen Sie ca. 1 m vom Stuhl (Tisch usw.) entfernt. Drehen Sie sich nach links. Verlagern Sie Ihr Gewicht auf das linke Bein, beugen Sie das rechte Bein, drehen Sie es aus der Hüfte und legen Sie es mit der Ferse auf den Stuhl.*

2 *Schlingen Sie einen Gürtel um den Fuß und halten Sie beide Enden in der rechten Hand. Stehen Sie aufrecht und strecken Sie den rechten Arm. Dabei heben Sie den linken Arm auf Schulterhöhe. Halten Sie die Pose 10–15 Sekunden.*

Wiederholen und beenden

Nehmen Sie das rechte Bein herunter und wiederholen Sie die Schritte 1 und 2 mit dem linken Bein. Dann wiederholen Sie die Pose noch einmal komplett.

Die Beine trainieren

Für Padangusthasana I und II brauchen Sie ein stabiles Möbelstück oder eine Kante in der richtigen Höhe, auf der Sie Ihren Fuß ablegen können. Die Beine sollen kräftig gedehnt werden, aber die Hüfte soll dabei gerade bleiben. Die Kante darf nicht so hoch sein, dass Sie die Beine nicht mehr strecken können. Manche können die Beine sehr hoch heben. Testen Sie es, indem Sie etwa 1 m vom Möbelstück entfernt stehen und das Bein darauf ablegen. Strecken Sie jetzt das Bein. Falls es Ihnen nicht gelingt, ist das Möbelstück zu hoch. Im Laufe der Zeit werden Sie die Höhe steigern. Falls Sie einen Stuhl verwenden, stellen Sie ihn an eine Wand, damit er stabil steht.

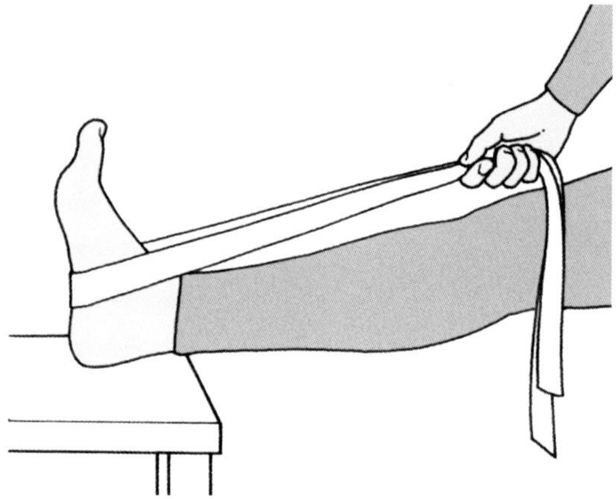

Die Pose einnehmen

Der um den Fuß geschlungene Gürtel hilft Ihnen bei der Dehnung. Drücken Sie den Fuß dagegen und ziehen Sie die Zehen an.

Hinweise

- Halten Sie das Standbein gestreckt und den Fuß nach vorne.
- Lassen Sie Rumpf und Hüfte nach vorne zeigen und halten Sie die Hüfte gerade.
- Strecken Sie die Sitzbeine zu Boden und heben Sie die Beine aus der Leiste heraus an.

Weitermachen

Sie können die beiden Posen allmählich immer schwieriger gestalten. Sobald Ihre Beine beweglich genug sind, können Sie sie ohne Zuhilfenahme eines Stuhls oder Gürtels anheben. Irgendwann werden Sie den Fuß auf Schulterhöhe heben, das Bein dabei gerade lassen und den großen Zeh umfassen können. Es kann allerdings Jahre dauern, das zu erreichen.

Die verlängerte Beindehnung analysieren

Obwohl dieses Diagramm die Dehnung auf S. 71 (Utthita Hasta Padangusthasana II) zeigt, hilft es Ihnen, das Gleichgewicht auch in Utthita Hasta Padangusthasana I auf S. 70 zu halten.

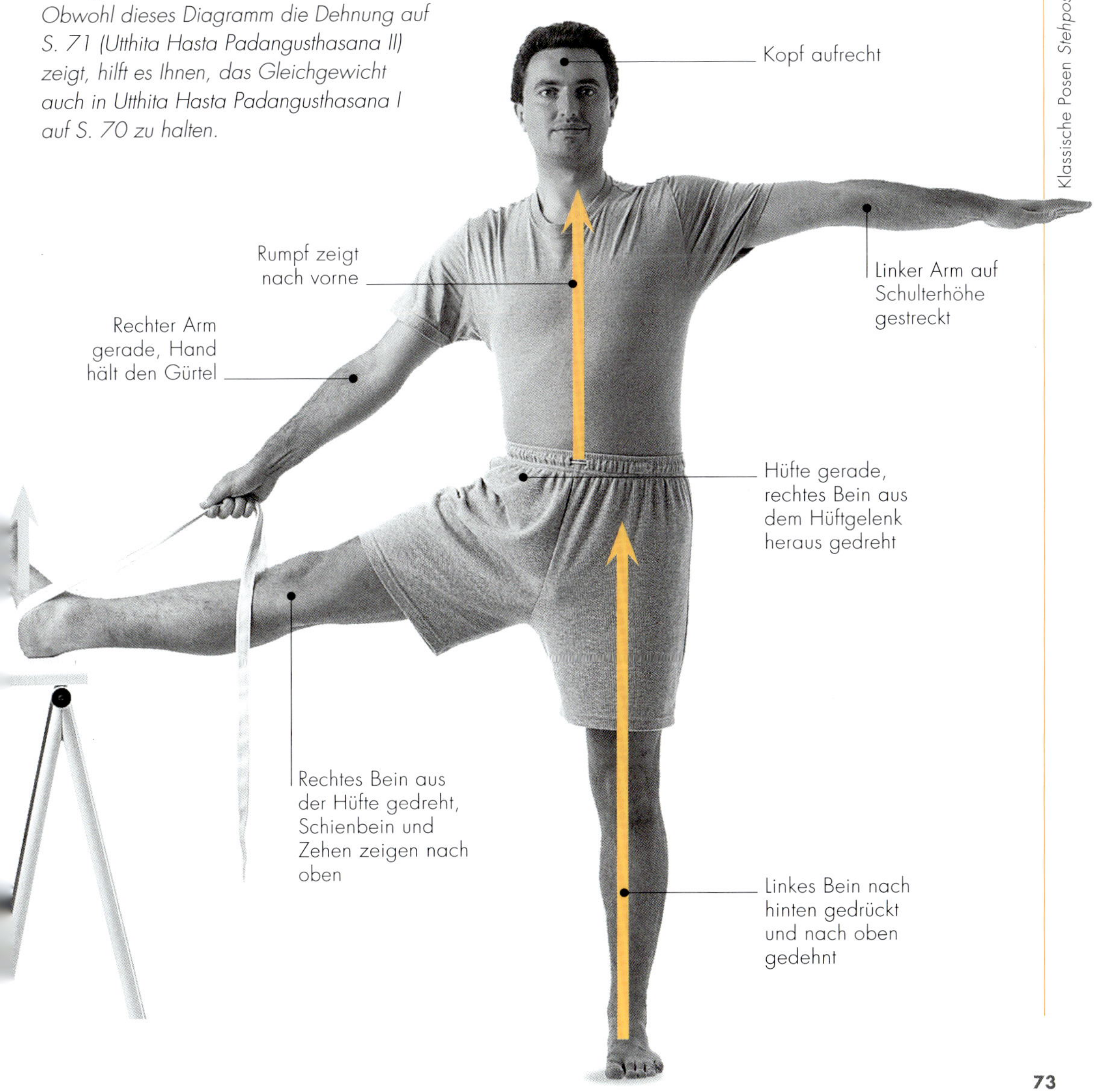

DEN RÜCKEN TRAINIEREN

Jetzt wird die Wirbelsäule gedreht und gestreckt. In dieser Stehpose werden Drehungen vorgestellt und bei **Uttanasana** I auf der nächsten Seite beugen Sie die Wirbelsäule aus der Hüfte (bitte lesen Sie die Warnung auf S. 9). Durch beide Übungen wird die Wirbelsäule intensiv gedehnt.

Drehung im Stehen

1 *Stehen Sie am Stuhl, nahe an der Wand, die Füße geschlossen, die Hände an den Seiten. Stellen Sie den rechten Fuß auf den Stuhl und dehnen Sie sich hoch.*

2 *Legen Sie die rechte Hand auf das Knie und ziehen Sie daran, um die linke Seite zur Wand zu drehen.*

3 *Legen Sie die rechte Hand an die Wand und drücken Sie dagegen, als wollten Sie die rechte Seite wegdrücken. Ziehen Sie die linke Seite zur Wand. 10–15 Sekunden halten.*

Wiederholen und beenden

Senken Sie die Hände, drehen Sie sich nach vorne und stehen Sie in Tadasana. Wiederholen Sie die Übung auf der linken Seite.

Marichyasana-Drehung

Die Pose auf dieser Seite heißt **Marichyasana**, nach ihrem Erfinder, dem Weisen Marichi. Die Wirbelsäule wird durch die Drehung trainiert. Stellen Sie einen Stuhl mit der Sitzfläche an eine Wand. Legen Sie zwei Schaumstoffblöcke oder dicke Bücher auf den Stuhl und stellen Sie Ihren Fuß darauf.

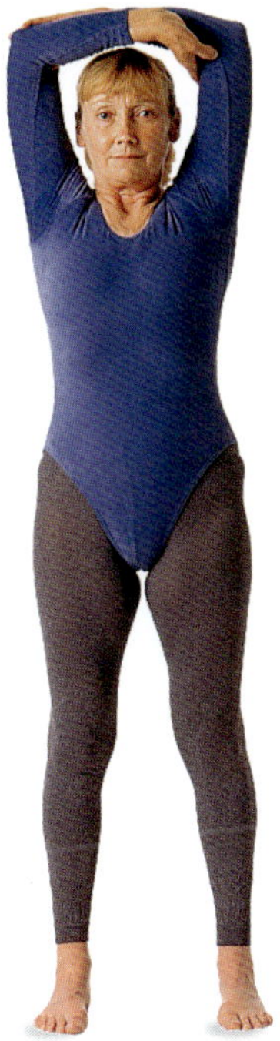

2 Heben Sie die Ellbogen an und beugen Sie sich aus der Hüfte heraus vor. Dehnen Sie die Beine nach oben und lassen Sie den Rumpf entspannt nach unten hängen. Dehnen Sie die Ellbogen zum Boden. Halten Sie die Pose 10–15 Sekunden, dann atmen Sie ein, legen die Hände auf die Beine und richten sich langsam auf, bis Sie in Tadasana stehen.

Vorbeugen im Stehen

1 *Stehen Sie hüftbreit mit gleichmäßig verteiltem Gewicht. Dehnen Sie den ganzen Körper nach oben und heben Sie die Arme über den Kopf. Beugen Sie die Ellbogen und umfassen Sie die Oberarme kurz über den Ellbogen.*

Uttanasana I

Sobald Sie das vereinfachte Vorbeugen in Kapitel drei beherrschen, können Sie zu dieser fortgeschrittenen Version übergehen. Die Pose dehnt die gesamte Wirbelsäule und ist gleichzeitig eine gute Stellung zum Ausruhen zwischen anstrengenden Posen.

Eine biegsame Wirbelsäule

Das Geheimnis der Drehung liegt im Anheben und Dehnen. Am Anfang der einfachen Drehung stehen Sie aufrecht. Dehnen Sie Ihr Standbein nach oben und drücken Sie es nach hinten. Strecken Sie die Sitzbeine zum Boden und die Wirbelsäule hoch. Atmen Sie beim Drehen aus. Ihre Arme fungieren als Dreh- und Angelpunkt. Die Hand, die gegen die Wand drückt, drückt gleichzeitig die eine Körperseite von der Wand weg, während die Hand, die am Knie zieht, die andere Seite näher zur Wand führt.

Nach vorne beugen

Dehnen Sie Ihre Beine nach oben, bevor Sie sich bei Uttanasana I auf S. 75 vorbeugen. Strecken Sie den Rumpf aus der Hüfte heraus nach oben. Dehnen Sie die Arme, während Sie diese anheben, und umfassen Sie die Oberarme. Atmen Sie aus, wenn Sie sich aus der Hüfte, nicht aus der Taille, vorbeugen. Dieses ist eine entspannende Pose, da der Rumpf einfach von der Hüfte herabhängt, während die Beine die ganze Arbeit leisten.

Drehung im Stehen
Achten Sie auf die Details in diesem Diagramm, um die Pose richtig auszuführen.

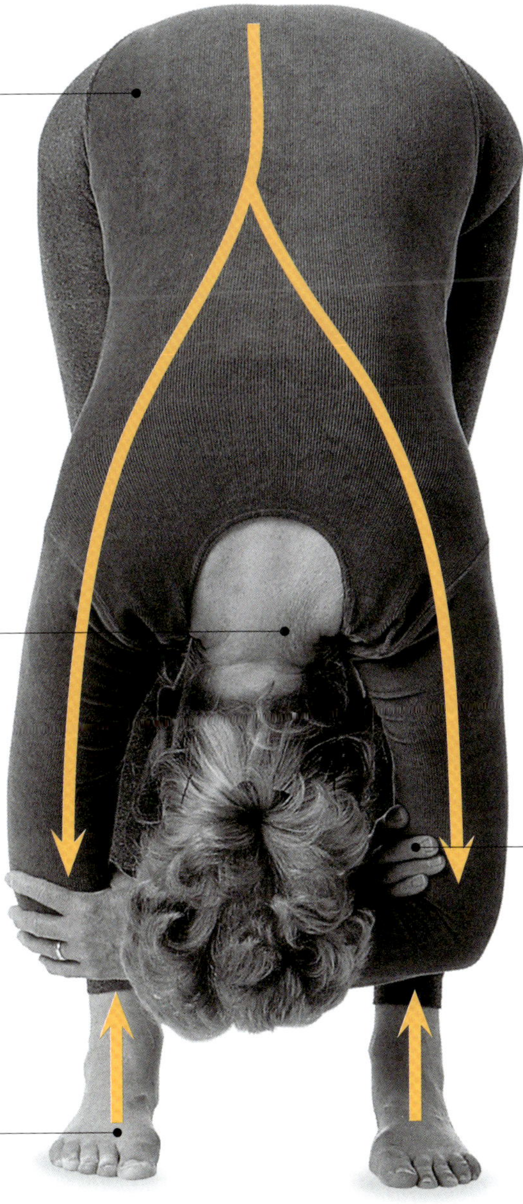

Das Vorbeugen im Stehen analysieren

Denken Sie daran, die Beine kräftig nach oben zu strecken, während Sie sich auf die anderen hier aufgeführten Punkte konzentrieren. Wenn Sie Rückenprobleme haben, sollten Sie diese Pose vermeiden. Üben Sie in dem Fall weiter die Pose auf S. 55.

KRIEGER II Virabhadrasana war ein großer Krieger in einem epischen Gedicht des indischen Dramatikers Kalidasa aus dem 5. Jhd. Es gibt verschiedene Krieger-Posen. **Virabhadrasana II** ist die erste und einfachste. Die Waden- und Oberschenkelmuskeln werden entwickelt. Sie ist eine gute Vorbereitung für die schwierigeren stehenden Posen, besonders für das Vorbeugen.

1 *Stehen Sie in Tadasana, atmen Sie ein und springen Sie mit den Füßen ca. 1,5 m (je nach Schrittlänge) auseinander. Strecken Sie die Arme auf Schulterhöhe aus und achten Sie darauf, dass die Füße parallel stehen. Dehnen Sie sich nach oben.*

2 *Der Rumpf zeigt weiter nach vorne, während Sie den linken Fuß leicht nach innen und den rechten Fuß nach außen drehen. Richten Sie die Ferse mit dem linken Spann aus.*

3 *Strecken Sie den Rumpf aus der Hüfte heraus nach oben, atmen Sie aus, halten Sie das linke Bein gerade und beugen Sie das rechte Knie im rechten Winkel. Halten Sie die Arme in einer Linie. Drehen Sie den Kopf nach rechts. Dehnen Sie den ganzen Rumpf kräftig aus der Leiste heraus nach oben. Halten Sie die Dehnung 10–15 Sekunden.*

Wiederholen und beenden

Strecken Sie das rechte Bein und drehen Sie sich nach vorne. Wiederholen Sie die Schritte 2 und 3 zur anderen Seite. Wiederholen Sie die gesamte Pose nochmals und machen Sie eine Pause.

Anheben und dehnen

Wenn Sie die zehn Posen im dritten Kapitel ein- bis zweimal gemacht haben, sollten Ihre Beine bereits kräftiger und Ihr Stand sicherer sein. Die beiden Krieger-Posen, Virabhadrasana II auf S. 78–79 und die etwas schwierigere Virabhadrasana I auf S. 82–85 kräftigen den Unterkörper. Konzentrieren Sie sich auf die Aufrechterhaltung der Aufwärtsdehnung, wenn Sie die Ausrichtung der verschiedenen Körperteile ändern. Nachdem Sie mit den Füßen auseinandergesprungen sind, müssen diese parallel stehen.

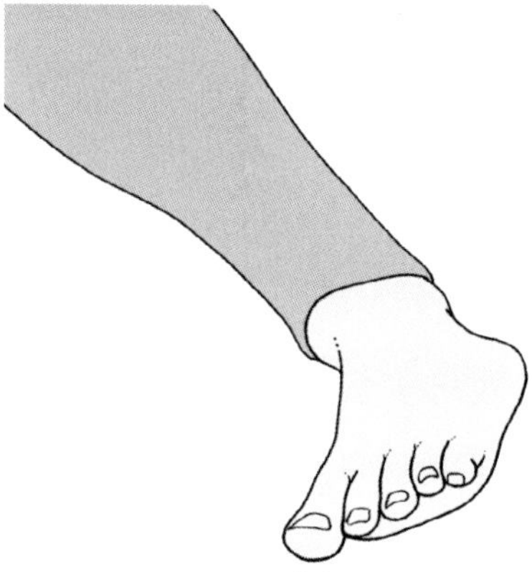

An der Pose arbeiten
Sie müssen fest stehen, wenn Sie im zweiten Schritt die Füße drehen. Die Außenseite des hinteren Fußes darf sich nicht vom Boden abheben (s. o.). Wenn Ihr Gewicht gleichmäßig verteilt ist, stehen beide Füße fest auf dem Boden.

Ihr Stand

Halten Sie Ihren Körper in jeder Phase erhoben. Stehen Sie aufrecht, bevor Sie springen. Machen Sie vor dem Drehen der Füße eine Pause und dehnen Sie die Beine von den Füßen bis zur Hüfte. Drehen Sie die Beine aus der Hüfte heraus. Halten Sie Rumpf und Kopf gerade, während Sie das Knie beugen. Überprüfen Sie, wenn möglich, Ihren Stand vor einem Spiegel. Der Oberschenkel des gebeugten Beins sollte parallel zum Boden sein und das Schienbein muss sich im rechten Winkel zum Boden befinden. Fühlen Sie die Dehnung in Ihren Leisten. Während Sie die Pose halten, heben Sie das Brustbein an und dehnen sich aus der Mitte der Brust heraus. Strecken Sie den linken Arm nach links und den rechten nach rechts. Richten Sie die Arme so aus, dass sie eine gerade Linie bilden.

Hinweise

- Achten Sie darauf, dass weder die linke Hüfte noch die linke Seite des Rumpfs oder die Schulter nach vorne kippen, wenn das rechte Knie gebeugt ist. Stellen Sie sich vor, dass Sie diese gegen eine Wand drücken.
- Halten Sie die Schultern und Arme leicht nach hinten gedrückt, sodass sie eine völlig gerade Linie bilden.
- Ziehen Sie das Steißbein ein und drücken Sie die Sitzbeine nach unten.

Krieger II analysieren

Zur Perfektionierung Ihrer Haltung in Schritt 3 müssen Sie auf alle Details achten.

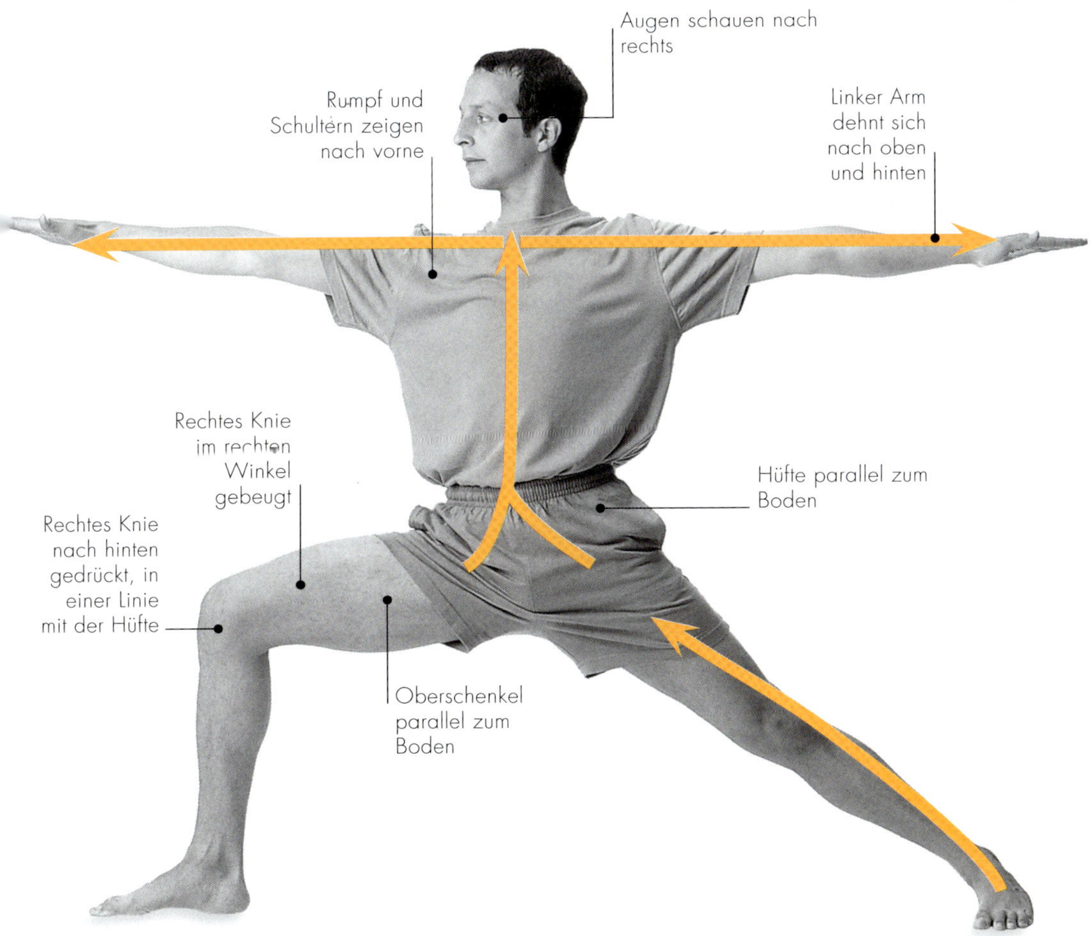

KRIEGER | **Virabhadrasana I** ist eine kräftigende Pose, eine sehr dynamische Stellung, in der Sie den Rumpf zur Seite drehen. Die Gelenke zwischen den einzelnen Wirbeln werden gedehnt und die natürliche Beweglichkeit der Wirbelsäule wird wiederhergestellt. Diese Pose ist besonders wirksam gegen Steifheit in Nacken, Schultern und Rücken.

1 *Stehen Sie in Tadasana, atmen Sie ein und springen Sie mit den Füßen ca. 1,5 m auseinander. Strecken Sie gleichzeitig die Arme auf Schulterhöhe aus. Dehnen Sie sich nach oben und von Fingerspitzen zu Fingerspitzen.*

2 *Drehen Sie die Handflächen nach oben. Atmen Sie ein und heben Sie die Arme über den Kopf, bis sich die Handflächen berühren.*

3 *Drehen Sie den linken Fuß nach innen und den rechten nach außen. Drehen Sie das rechte Bein und den Rumpf aus der Hüfte heraus nach rechts.*

Die Arme dehnen

Dehnen Sie in Schritt 2 Ihre Arme nach oben und hinten, sodass die Oberarme die Ohren berühren.

4 *Strecken Sie sich nach hinten, atmen Sie aus und beugen Sie das rechte Bein rechtwinklig. Dehnen Sie sich aus der Leiste nach oben und schauen Sie auf Ihre Fingerspitzen. Pose 10–15 Sekunden halten.*

Wiederholen und beenden

Atmen Sie ein, strecken Sie das rechte Bein, drehen Sie sich nach vorne, atmen Sie aus und senken Sie die Arme. Wiederholen Sie die Schritte 2 bis 4 nach links. Dann wiederholen Sie die gesamte Pose erneut.

Die Arme heben

Krieger I ist eine der Posen, in der Sie Ihre Arme weiter drehen, dehnen und bewegen, als Sie es vermutlich für möglich gehalten hätten. Zu Anfang heben Sie die Arme auf Schulterhöhe und dehnen sie. Diese Dehnung sollte kraftvoll sein und sich von Brustbein über die Schultern und Achseln bis zu den Fingerspitzen ziehen. Anschließend werden die Arme aus den Schultergelenken heraus um 180° gedreht, bis die Handflächen nach oben zeigen. Dann heben Sie die Arme über den Kopf.

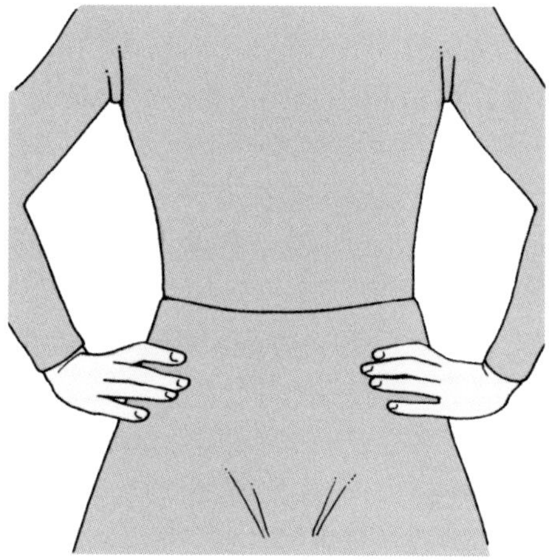

Belastung vermeiden

Falls Sie einen Bandscheibenvorfall oder andere Rückenprobleme haben, üben Sie die Pose, ohne die Arme über den Kopf zu strecken. Wenn Sie die Hände an den Hüften halten, können Sie an der Beweglichkeit der Wirbelsäule arbeiten, ohne sie dabei zu belasten.

Ein kraftvolles Anheben

Die Arme werden mit einer kraftvollen Bewegung angehoben, die mehr als nur die Arme dehnt. Die Dehnung beginnt an der Seite der Rippen und hebt den Brustkorb an. Sie dehnt die Achselhöhlen, die Oberarme, die Ellbogen, die Unterarme und die Hände. Arbeiten Sie daran, Ihre Oberarme bis an die Ohren oder noch dahinter zu führen und bringen Sie die Hände so nah wie möglich über dem Kopf zusammen. Dieses Armheben sollte der Höhepunkt einer Hebebewegung sein, die am Spann des hinteren Fußes beginnt, über das Bein zur Leiste, weiter zur Hüfte und schließlich über den Rumpf und den Hals zum Scheitel verläuft. Am Ende heben Sie den Kopf, um auf Ihre gestreckten Fingerspitzen zu schauen.

Hinweise

- Ihr Gewicht sollte die ganze Zeit gleichmäßig verteilt sein.
- Halten Sie die Arme die ganze Zeit über gerade.
- Ziehen Sie das Steißbein ein und strecken Sie die Sitzbeine nach unten. Dehnen Sie sich aus der Hüfte nach oben

Krieger I analysieren

Um die Pose zu perfektionieren, müssen Sie auf alle Details achten.

HALBMOND Die anmutige **Ardha Chandrasana** ähnelt einem Halbmond. Die Pose strahlt Harmonie aus und entwickelt Gleichgewicht und Koordination. Alle stehenden Posen stärken die Beine, aber diese Pose ist bei regelmäßigem Üben besonders gut für Menschen, die unter einer Schwäche von Knöcheln oder Knien leiden.

1 *Wiederholen Sie zu Anfang die Schritte 1 bis 3 der Dreieckshaltung auf S. 46–47. Halten Sie ein, schauen Sie zu Ihrer Hand hoch und atmen Sie normal.*

2 *Drehen Sie Ihren Kopf nach vorne und lassen Sie den linken Arm an der Seite ruhen. Atmen Sie aus, beugen Sie das rechte Bein und ziehen Sie den linken Fuß ein Stück heran.*

3 *Senken Sie die rechte Hand ca. 30 cm vor dem rechten Fuß auf den Boden. Beim Ausatmen heben Sie das linke Bein auf Hüfthöhe und strecken das rechte Bein durch. Heben Sie den linken Arm mit der Handfläche nach vorne in einer Linie mit dem rechten an. Schauen Sie zu den Fingern hoch. Halten Sie die Pose 10–15 Sekunden und atmen Sie normal. Dann drehen Sie den Kopf nach vorne, beugen das rechte Bein und kehren in die Dreieckshaltung zurück.*

Die Ausrichtung prüfen

Üben Sie die Pose an einer Wand. Das ist eine gute Möglichkeit, die Ausrichtung von Schultern, Rumpf, Hüfte und Beinen zu lernen, und hilft Ihnen, das Gleichgewicht zu halten.

Wiederholen und beenden

Wiederholen Sie die Schritte 1 bis 3. Dann atmen Sie ein, richten sich auf und springen mit den Füßen zusammen.

Balance und Haltung

Halbmond ist ein Asana der zweiten Kategorie, das Sie in der Dreieckshaltung (siehe S. 46–47) beginnen. Anschließend balancieren Sie auf einer Hand und einem Bein. Machen Sie in der Dreieckshaltung eine Pause und konzentrieren Sie sich auf die Dehnung und auf die Haltung. Atmen Sie normal.

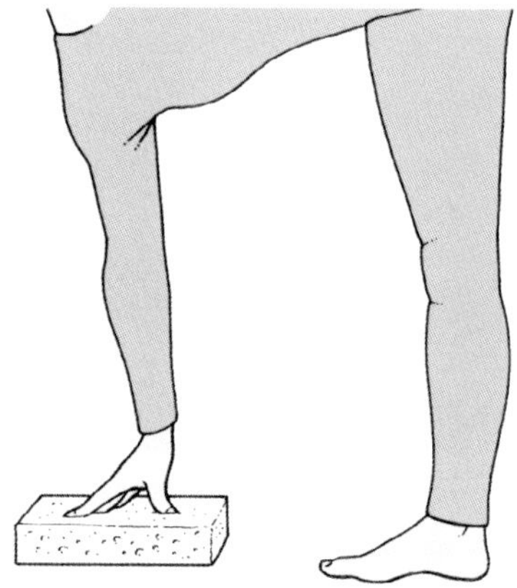

An der Pose arbeiten

Falls Sie die Hand nicht gleich auf den Boden senken können, legen Sie sie auf ein dickes Buch oder Ähnliches.

Das Gewicht verlagern

Das Verlagern des Gewichts von beiden Beinen auf eines zeigt den Übergang zum Halbmond an. Dieser sollte fließend sein. Verteilen Sie das Gewicht gleichmäßig auf die vier Balancepunkte an der Fußsohle (siehe S. 42). Während Sie das linke Bein heben, verlagern Sie das Gewicht erneut auf das rechte. Drehen Sie das linke Bein aus der Hüfte, wenn Sie es auf Hüfthöhe heben, sodass das Knie nach vorne zeigt.

Gleichgewicht

Halten Sie jetzt ein, um sich auszubalancieren, indem Sie das Standbein kräftig nach oben und das angehobene Bein nach links strecken. Das Hochschauen zur Hand hilft Ihnen ebenfalls, das Gleichgewicht zu halten. Der Winkel Ihres Unterkörpers wird von Rumpf gespiegelt, wenn Sie den Arm nach oben strecken. Drücken Sie die gesamte obere Hälfte Ihres Körpers nach oben und hinten und ziehen Sie das Steißbein ein. Dann dehnen Sie den ganzen Rumpf von der Leiste bis zum Scheitel. Schauen Sie nach oben und richten Sie den Kopf mit dem Rumpf aus.

Halbmond analysieren

Schritt 3 der Pose wird unten dargestellt. Führen Sie die Pose zur Überprüfung Ihrer Haltung möglichst vor einem Spiegel aus.

Hinweise

- Drücken Sie die Schultern und den angehobenen Arm nach hinten, sodass dieser eine ganz gerade Linie mit dem unteren Arm bildet.
- Achten Sie darauf, dass der obere Teil des Rumpfs nicht nach vorne kippt. Stellen Sie sich vor, dass Sie an einer Wand stehen.
- Halten Sie das Steißbein die ganze Zeit eingezogen, sodass der Po nicht vorsteht.

STUHL **Utkatasana** ist ein Mittel gegen die Auswirkungen einer schlechten Haltung. Sie sitzen in der Luft, stehen fest auf beiden Füßen und werden durch Ihre Beinmuskeln gestützt. Wörtlich übersetzt bedeutet das Sanskrit-Wort Utkatasana „kräftige Pose". Dieses ist eine durchaus treffende Beschreibung, denn die Übung stärkt die Waden, die Knöchel sowie die Oberschenkel- und Pomuskulatur.

Kopf und Arme

Achten Sie darauf, die Arme immer nach oben zu dehnen und die Ellbogen in einer Linie mit den Ohren zu halten. Schauen Sie geradeaus.

1 *Stehen Sie in Tadasana, die Füße zusammen, atmen Sie ein, heben Sie die Arme über den Kopf und dehnen Sie sich nach oben.*

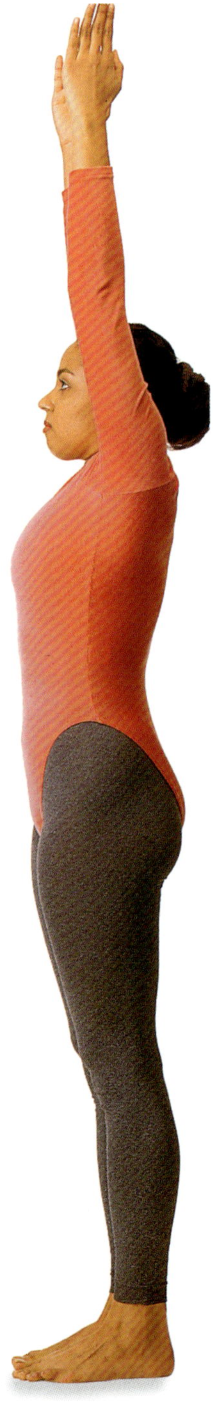

2 *Beim Ausatmen beugen Sie die Knöchel, Knie und Hüfte und senken Ihren Po, als wollten Sie sich auf einen Stuhl setzen. Die Hacken bleiben auf dem Boden. Halten Sie die Pose 10–15 Sekunden. Dehnen Sie sich dabei aus der Hüfte nach oben.*

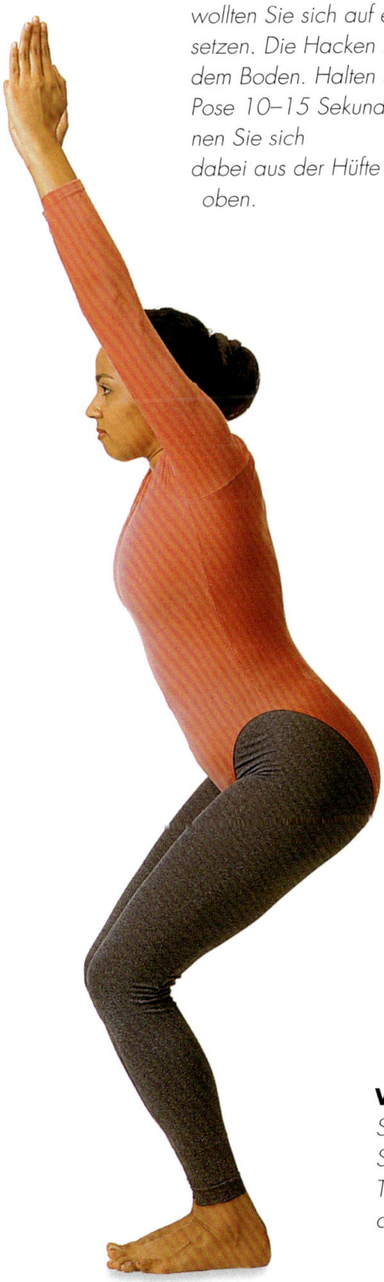

Hände und Arme

Anfangs ist es ausreichend, wenn Sie die Arme gerade über den Kopf heben. Später sollten Sie versuchen, die Handflächen so weit wie möglich zusammenzuführen, bis sie sich schließlich über Ihrem Kopf berühren.

Wiederholen und beenden

Strecken Sie die Beine und senken Sie die Arme. Stehen Sie kurz in Tadasana, dann wiederholen Sie die Pose.

Die Beine kräftigen

Durch die ungewöhnliche Stellung von Wirbelsäule und Becken in dieser Pose müssen die Muskeln der Oberschenkel, Waden und Füße allein das Gewicht des Oberkörpers tragen. Die kraftvollen, vierköpfigen Quadrizepsmuskeln der Oberschenkel und die Wadenmuskulatur werden richtig trainiert. Obwohl wir diese Muskeln täglich beim Sitzen, Stehen, Laufen und Treppensteigen benutzen, werden sie nur selten wirklich gedehnt und trainiert, sodass unsere Beine oft schwächer sind, als wir vermuten. Dieses finden viele Menschen z. B. nach dem Skifahren auf schmerzhafte Weise heraus. Die Stuhl-Pose ist eine hervorragende Übung für Skiläufer und Reiter.

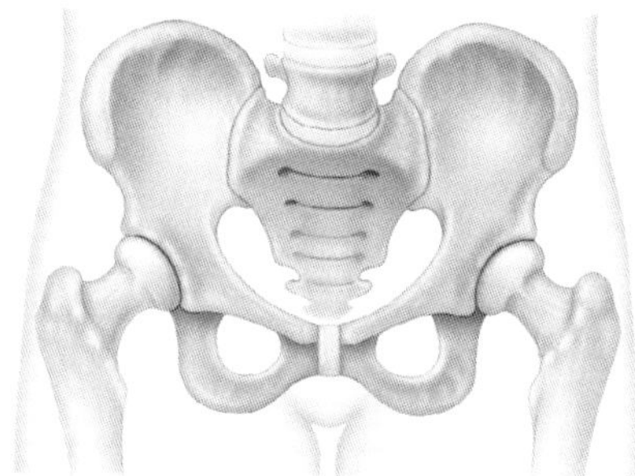

Das Becken ausrichten

Ziehen Sie das Steißbein nicht ein. Stellen Sie sich vor, wie Sie das Kreuzbein und die Sitzbeine zu Boden strecken und gleichzeitig die Hüftknochen vorne anheben.

Diagonale bilden

In dieser Pose bilden die Arme, der Rumpf, die Oberschenkel und die Waden eine Reihe von Diagonalen. Da der Körper in eine sitzende Position gebeugt ist, bildet der Rumpf eine Diagonale – tatsächlich ist die Wirbelsäule jedoch gerade. Die Stuhl-Pose hängt von der korrekten Ausrichtung des Beckens ab, das nicht eingezogen oder nach hinten herausgestreckt sein darf. Falls Sie feststellen, dass Ihr Unterkörper zu steif ist, stellen Sie Ihre Füße in Schritt eins 30 cm weit auseinander. Das Dehnen der Arme ist eine gute Übung für die Schultern, die oft recht steif sind.

Hinweise

- Halten Sie die Schultern und die Hüfte horizontal ausgerichtet.
- Beugen Sie den Oberkörper nach vorne, aber halten Sie den Rücken dabei gerade.

Die Stuhl-Pose analysieren

Um die Stuhl-Pose auf S. 91 zu perfektionieren, müssen Sie auf jedes Detail achten.

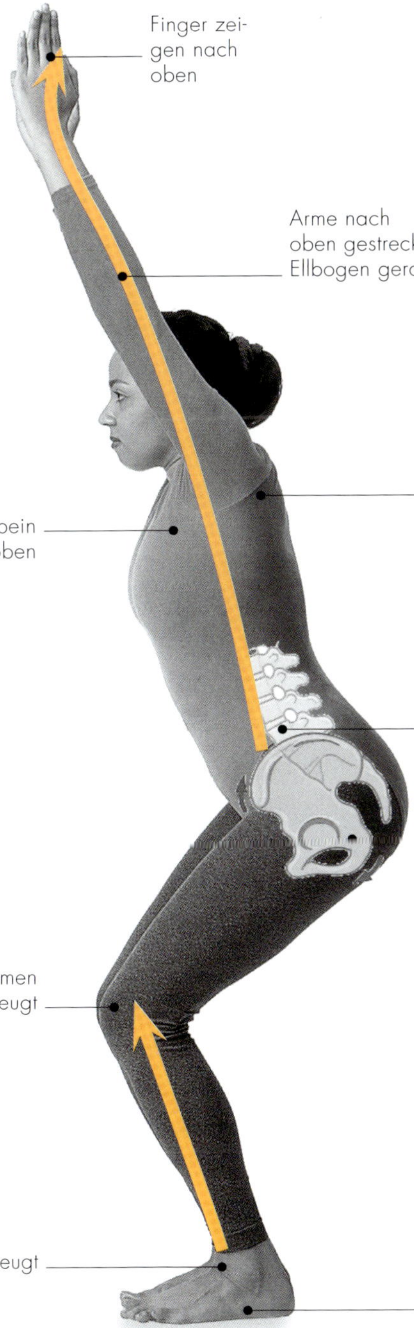

SEITENDEHNUNG

Das Vorbeugen für die Dehnung der Beine ist eine gute Folgeübung für die Stuhl-Pose. Bei **Parsvottanasana** wird der Rumpf über das nach vorne gestreckte Bein gebeugt. Bei dieser Pose machen Sie eigentlich zwei Übungen in einer, da die Arme dabei hinter dem Rücken zur **Namaste**, der Gebetshaltung, zusammengeführt werden.

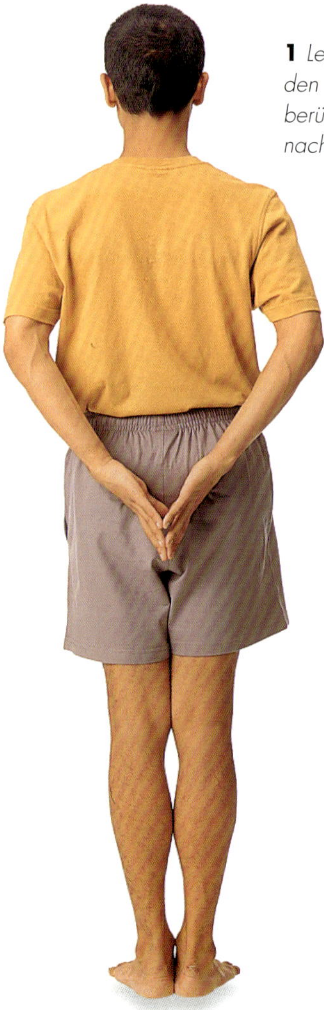

1 *Legen Sie die Hände auf den Rücken. Die Fingerspitzen berühren sich und zeigen nach unten.*

2 *Drehen Sie die Hände um 180° nach innen, bis die Finger nach oben zeigen. Verbreitern Sie die Schultern, drücken Sie die Ellbogen nach hinten und dehnen Sie diese nach unten. Heben Sie die Hände und Unterarme, bis Sie die Handflächen zusammendrücken können.*

3 *Mit den Hände in Namaste atmen Sie ein und springen mit den Füßen ca. 1 m weit auseinander, je nach Schrittlänge.*

4 *Drehen Sie den linken Fuß nach innen, den rechten Fuß und das Bein nach rechts. Drücken Sie die linke Ferse zu Boden, dehnen Sie beide Beine nach oben und drehen Sie die Hüfte und den Rumpf nach rechts. Strecken Sie den Rumpf nach oben und heben Sie das Brustbein.*

5 *Beugen Sie sich aus der Hüfte vor, bis die Stirn das Schienbein berührt. Halten Sie die Pose 10–15 Sekunden.*

Wiederholen und beenden

Atmen Sie ein, ziehen Sie das Steißbein ein und richten Sie sich auf. Stehen Sie aufrecht, mit den Armen weiter in Namaste. Drehen Sie Hüfte und Rumpf nach vorne. Wiederholen Sie die Schritte 1 bis 3 nach links. Machen Sie ein kurze Pause und wiederholen Sie die gesamte Pose.

Intensive Dehnung

In dieser Pose wird der gesamte Körper kräftig gedehnt. Der Sanskrit-Name bedeutet „intensive Dehnung". Wenn Sie sich nach rechts beugen, dehnen Sie die Muskeln und Gelenke der Beine, Knie und Hüfte sowie die der Bauch- und Brustseite. Gleichzeitig werden durch die Gebetshaltung der Hände die Muskeln in der oberen Brust und in den Armen sowie die Muskeln, welche die Schultern und die Schlüsselbeine bewegen, gedehnt.

Position der Hände

In diese Pose wird eine spezielle Haltung der Hände, Namaste, die Gebetshaltung, eingebaut. Sie ist uns geläufiger, wenn sie vor dem Körper ausgeführt wird anstatt dahinter. Vermutlich werden Sie das Hochdrehen der Hände mit zusammengelegten Fingern hinter dem Rücken noch üben müssen. Sobald Ihre Finger nach oben zeigen, verbreitern Sie die Schultern und drücken die Unterarme nach hinten. Das macht es Ihnen einfacher, die Unterarme und die verbundenen Hände anzuheben. Sie werden feststellen, wie sich Ihre Brust öffnet, je weiter Sie die Arme heben. Im Laufe der Zeit werden Sie nicht nur die Finger, sondern auch die Handflächen und die Daumen zusammenlegen können.

Nach oben dehnen

Kräftige Beine sind das Fundament des Vorbeugens. Dehnen Sie vor Beginn die Beine nach oben. Heben Sie den Spann der Füße an. Spüren Sie die Dehnung in beiden Beinen, vor allem aber im hinteren, da Sie die Außenkante der Ferse fest zu Boden drücken. Achten Sie darauf, dass die Hüfte sich auf einer Höhe befindet. Strecken Sie den Rumpf aus der Hüfte heraus nach oben und heben Sie das Brustbein an, während Sie nach oben schauen.

Halten Sie beim Vorbeugen den Rumpf von den Beinen weg. Spüren Sie die intensive Dehnung in den Beinen und Seiten. Durch diese Pose werden die Hüftgelenke beweglicher. Zudem wird der Bauch flacher und die Lunge bekommt mehr Raum zum Ausdehnen.

Hinweise

- Halten Sie die Schultern und Oberarme nach hinten gedrückt und die Hände zusammengepresst, um die Brust so weit wie möglich zu öffnen.
- Lassen Sie die rechte Hüfte nicht nach außen kippen, wenn das rechte Bein vorgestreckt ist. Die Hüfte muss sich während der gesamten Pose auf einer Höhe befinden.

Die Seitendehnung analysieren

Sobald Sie die Position der Hände gemeistert haben, sollten Sie an den aufgeführten Punkten arbeiten, um die Pose zu perfektionieren.

GEGRÄTSCHTE BEINDEHNUNG

Das weite Spreizen der Beine trainiert die Abduktorenmuskeln der Hüfte. Diese drehen die Beine nach außen und werden oftmals zu wenig benutzt. Die Pose **Prasarita Padottanasana** verbessert den Blutkreislauf im Rumpf und im Kopf und hilft beim Abnehmen an der Hüfte.

1 *Stehen Sie in Tadasana, strecken Sie die Arme auf Schulterhöhe aus, atmen Sie ein und springen Sie mit den Füßen ca. 1,5 m weit auseinander. Richten Sie die Zehen aus und drehen Sie die Füße leicht nach innen.*

2 *Dehnen Sie die Beine und den Rumpf nach oben. Legen Sie die Hände auf die Hüfte und beugen Sie sich vor. Legen Sie die Hände schulterbreit auseinander auf den Boden, auf einer Höhe mit den Füßen, und schauen Sie nach oben.*

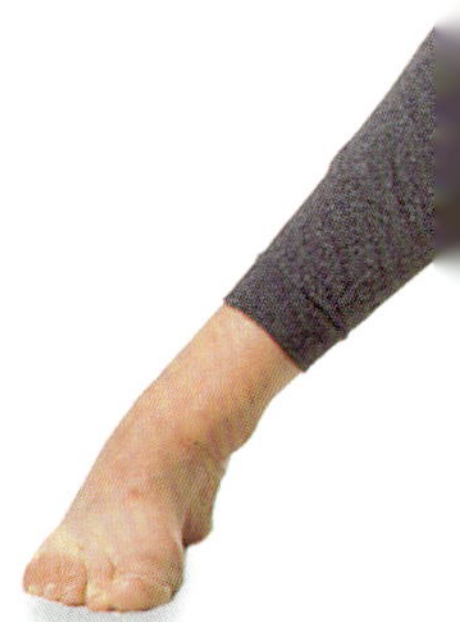

3 *Strecken Sie die Wirbelsäule nach vorne, beugen Sie die Ellbogen, halten Sie sie parallel und legen Sie den Kopf mit dem Scheitel zwischen Ihren Händen auf den Boden. Halten Sie die Pose 10–15 Sekunden.*

Wiederholen und beenden

Heben Sie den Kopf, strecken Sie die Arme und richten Sie sich auf. Atmen Sie aus und springen Sie mit den Füßen zusammen. Wiederholen Sie die Pose nach einer kurzen Pause.

Hinunterdehnen

Dehnen Sie sich aus der Hüfte nach oben und beugen Sie sich auch aus der Hüfte vor. Halten Sie die Wirbelsäule gerade und heben Sie das Brustbein an, bevor Sie sich in Schritt 3 hinunterdehnen.

Die Achillessehnen lockern

Wie vielen Menschen wird es Ihnen leicht fallen, sich aus der Hüfte vorzubeugen. Sie werden aber feststellen, dass Sie an Ihren Beinen arbeiten müssen. Tänzer finden diese Pose meist sehr einfach, da ihre Achillessehen gedehnt sind. Probieren Sie die Pose aus. Falls Sie anfangs den Boden nicht erreichen, legen Sie die Hände auf Schaumstoffblöcke oder dicke Bücher, bzw. auf die Sitzfläche eines Stuhls, der an einer Wand steht.

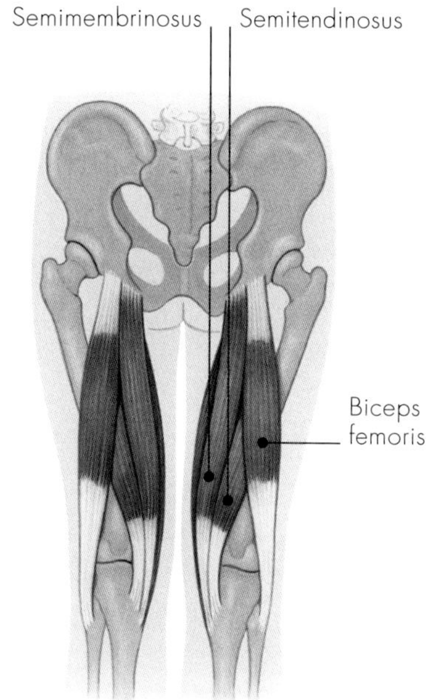

Die Achillessehnen

Drei Muskeln ziehen sich über die Rückseite der Oberschenkel. Sie strecken ihn und beugen und drehen das Knie. Zwei haben lange Scheiden und Sehnen (die Achillessehnen), die sie mit den Beckenknochen verbinden.

Vorbereitung

Verteilen Sie nach dem Sprung Ihr Gewicht gleichmäßig auf die vier Balancepunkte an Ihren Füßen. Dehnen Sie die Beine nach oben. Halten Sie die Beine nach oben gedehnt, die Wirbelsäule und die Arme gerade und das Brustbein angehoben, während Sie im zweiten Schritt nach oben schauen.

An den Achillessehnen arbeiten

Halten Sie die die Beine die ganze Zeit nach hinten gedrückt und nach oben gedehnt. Sie sollten von den Füßen bis zur Hüfte eine starke Dehnung spüren. Ihre Achillessehnen werden im Laufe der Zeit immer geschmeidiger, sodass Sie die Hilfsmittel ständig verringern können. Letztendlich werden sie so dehnbar sein, dass Sie die Hände und sogar den Kopf auf die Matte legen können.

Hinweise

- Machen Sie keinen Buckel, wenn Sie sich in Schritt 2 vorbeugen. Ihre Wirbelsäule sollte leicht nach innen gewölbt sein.
- Halten Sie in Schritt 3 die Ellbogen parallel und zur Brust gezogen. Lassen Sie sie nicht wie Flügel nach außen zeigen.
- Lassen Sie Ihr Gewicht auf die Füße verteilt, indem Sie die Beine hoch dehnen und Hüfte und Fersen in einer Linie halten, wenn Sie den Kopf auf die Matte senken.

Die gegrätschte Beindehnung analysieren

Um die volle Dehnung zu erreichen, müssen Sie sorgsam auf die hier aufgeführten Details achten.

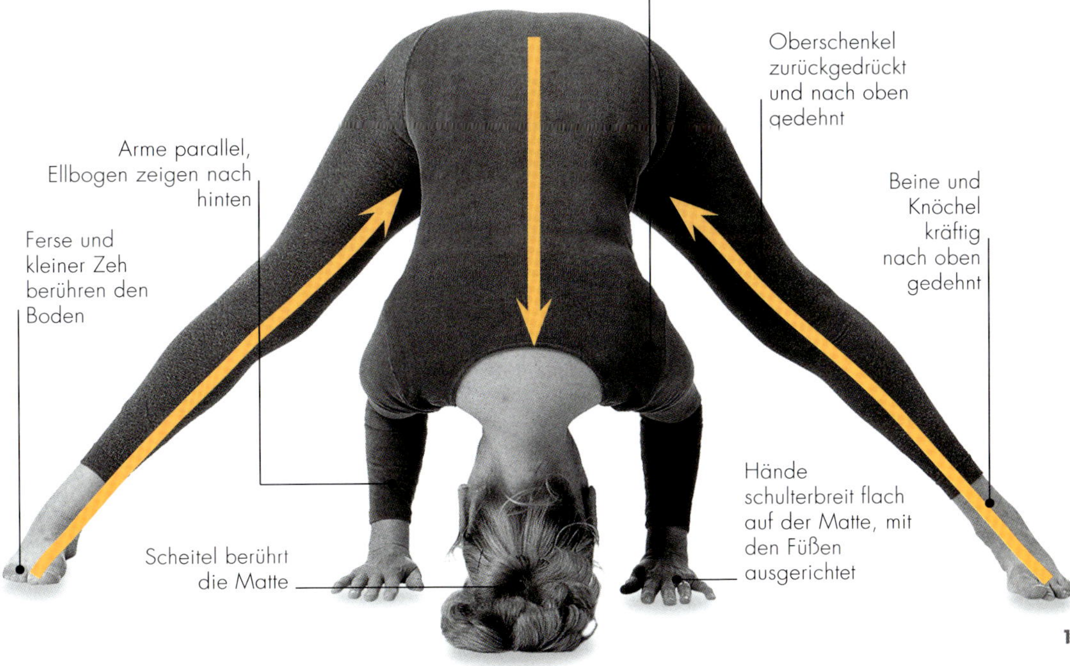

GEDREHTES DREIECK **Parivrtta Trikonasana** ist eine Drehung im Stehen. Zu Beginn schauen Sie nach vorne, am Ende in die entgegengesetzte Richtung. Daher wird die Pose oft „gedrehtes Dreieck" genannt. Es ist die letzte der Stehposen, mit denen dieses Kapitel begann.

2 *Drehen Sie den linken Fuß im 50-60°-Winkel nach innen und den rechten im 90°-Winkel nach außen. Beim Ausatmen schwingen Sie den Rumpf aus der Hüfte nach rechts. Die Arme bleiben weiter gestreckt.*

2 *Drehen Sie den linken Fuß im 50-60°-Winkel nach innen und den rechten im 90°-Winkel nach außen. Beim Ausatmen schwingen Sie den Rumpf aus der Hüfte nach rechts. Die Arme bleiben weiter gestreckt.*

3 *Drehen Sie Ihren Rumpf weiter und beugen Sie ihn aus der Hüfte. Legen Sie die linke Hand neben den rechten Fuß auf den Boden. Kopf und Rumpf zeigen nun nach hinten. Strecken Sie den rechten Arm in einer Linie mit dem linken nach oben, richten Sie die linke Hand parallel zum rechten Fuß aus und pressen Sie Handfläche und Ferse zu Boden. Schauen Sie zu den Fingern hoch. Halten Sie die Pose 10–15 Sekunden.*

Wiederholen und beenden

Heben Sie den Rumpf an und drehen Sie sich nach vorne. Die Arme sind noch immer gestreckt. Wiederholen Sie die Schritte 1 bis 3 nach links. Anschließend machen Sie eine kurze Pause und wiederholen die gesamte Pose.

Den Rumpf drehen

Bei den Dreieckshaltungen auf S. 46–49 zeigt der Rumpf die ganze Zeit nach vorne, während Sie sich nach rechts oder links beugen. Aber beim gedrehten Dreieck auf S. 102–103 drehen Sie den Rumpf im Halbkreis nach hinten, bevor Sie sich hinunterbeugen und die Hand auf die Matte legen.

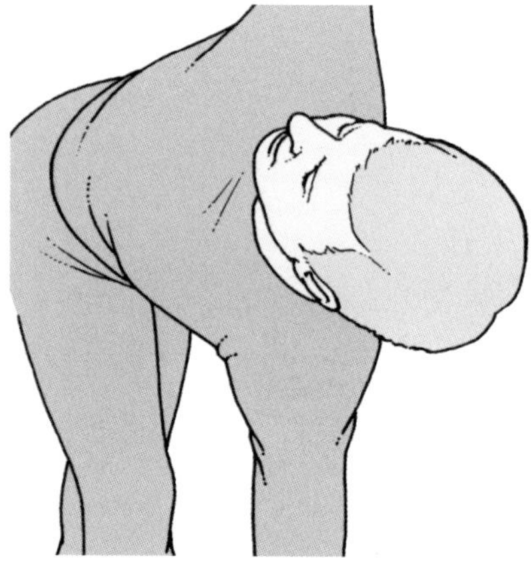

Kopf und Schultern

Drücken Sie die Schultern nach hinten und legen Sie die Schulterblätter an. Strecken Sie die Wirbelsäule und richten Sie den Kopf so aus, dass sich Hals und Kopf im rechten Winkel zu den Schultern befinden.

Wohin drehen?

Anfangs schauen Sie nach vorne. Wenn Sie sich drehen, dreht sich der Kopf mit, sodass Sie am Ende nach hinten schauen. Das Üben in der Nähe einer Wand erleichtert die Pose. Stehen Sie mit dem Gesicht zur Wand und drehen Sie den Rumpf, bis Sie in den Raum schauen können. Dehnen Sie die Beine nach oben und die Arme zur Seite, bevor Sie sich drehen. Atmen Sie dabei ein. Beim Ausatmen drehen Sie den Rumpf.

Das Hochstrecken der Wirbelsäule hilft Ihnen, sich noch weiter zu drehen und zu beugen. Falls Ihre Wirbelsäule nicht beweglich genug ist, können Sie die Hand anfangs auf einen Stuhl und dann auf einen Stapel Bücher legen, die Sie neben Ihren kleinen Zeh legen. Verteilen Sie Ihr Gewicht gleichmäßig auf die vier Balancepunkte an den Füßen. Dehnen Sie die Beine vom Spann aus nach oben und drücken Sie die untere Hand neben dem vorderen Fuß fest auf den Boden. Achten Sie darauf, dass der obere Arm eine gerade Linie mit dem unteren bildet. Atmen Sie beim Halten der Pose normal weiter.

Hinweise

- Beugen und drehen Sie den Rumpf aus der Hüfte, nicht aus der Taille heraus.
- Halten Sie die Wirbelsäule gerade und nach oben gedehnt.
- Ihre Hüfte muss mit Beinen und Rumpf ausgerichtet sein, die Sitzbeine strecken sich nach unten.
- Verspannen Sie Kopf und Schultern nicht.

Das gedrehte Dreieck analysieren

Nachdem Sie die korrekte Ausrichtung in Schritt 3 erreicht haben, sollten Sie alle hier aufgeführten Details überprüfen.

SITZEN UND KNIEN Auf dieser Seite sehen Sie die erste Sitzpose. Es ist die Stab-Pose, **Dandasana**. Sie ist die Grundlage der meisten Sitz-Asanas. Danach kommt die Helden-Pose, **Virasana**, auf der alle Knie-Posen basieren. Sie beruhigen das Herz, den Geist und die Nerven, sind ein Mittel gegen Stress und fördern tiefen Schlaf.

Stab-Pose

Setzen Sie sich auf die Matte, strecken Sie die Beine und legen Sie die Hände neben die Hüfte. Drücken Sie Hände und Beine nach unten und dehnen Sie sich aus der Hüfte nach oben. Halten Sie die Dehnung 15–20 Sekunden.

Den unteren Rücken anheben

Bei allen sitzenden Posen müssen Sie die Wirbelsäule gerade halten. Falls Sie merken, dass der untere Rücken durchhängt, setzen Sie sich so lange auf einen Schaumstoffblock, bis Ihre Rückenmuskeln stark genug sind, die Wirbelsäule ohne Hilfe zu stützen.

Helden-Pose

1 *Knien Sie sich auf eine gefaltete Decke. Die Knie berühren sich fast, die Füße sind hüftbreit auseinander. Senken Sie den Po, bis Sie zwischen den Füßen sitzen. Benutzen Sie Ihre Finger, um die Wadenmuskeln nach hinten zu ziehen, während Sie sich setzen.*

2 *Halten Sie die Pose ca. 20 Sekunden. Dehnen Sie sich in dieser Zeit aus der Hüfte nach oben. Heben Sie die Hände und die Hüfte an, bis Sie aufrecht knien. Dann strecken Sie die Beine, bis Sie wieder in Dandasana sitzen.*

Nach hinten setzen

Wenn Sie sich in Schritt 2 nach hinten setzen, sollte Ihr Po die Matte zwischen den Füßen berühren. Falls Ihnen das anfangs nicht gelingt, legen Sie sich ein dickes Buch oder einen Schaumstoffblock zwischen die Füße und setzen sich darauf.

Bodenarbeit

Dandasana wird Stab-Pose genannt, da der Rücken kerzengerade und nach oben gedehnt gehalten werden muss. Anfangs können Sie dabei zu Hilfsmitteln zu greifen. Ziehen Sie die großen Pomuskeln nach außen, während Sie sich setzen. Drücken Sie anschließend die Beine fest zu Boden. Das hilft Ihnen beim Hochdehnen.

Knien

In Virasana, der Helden-Pose, knien Sie, sitzen dabei aber zwischen Ihren Füßen. Dieses ist eine gute Übung für steife Knie. Wenn Sie anfangs den Boden noch nicht erreichen, neigen die Beine dazu, nach innen zu kippen. Dadurch werden die Knie ungleichmäßig gedehnt. Das kann verhindert werden, indem Sie sich auf

Die Stab-Pose analysieren
Dandasana, die grundlegende Sitzpose auf S. 106, mag Ihnen einfach erscheinen. Um Sie korrekt auszuführen, müssen Sie jedoch auf alle Details achten.

einen Schaumstoffblock oder auf ein dickes Buch setzen. Falls Sie am Anfang Schmerzen in den Knien oder Füßen haben, können Sie sich ein kleines, gefaltetes Handtuch hinter die Knie oder unter die Füße und Knöchel legen.

Die Helden-Pose analysieren

Das Überprüfen aller aufgeführten Details hilft Ihnen, die Helden-Pose zu perfektionieren.

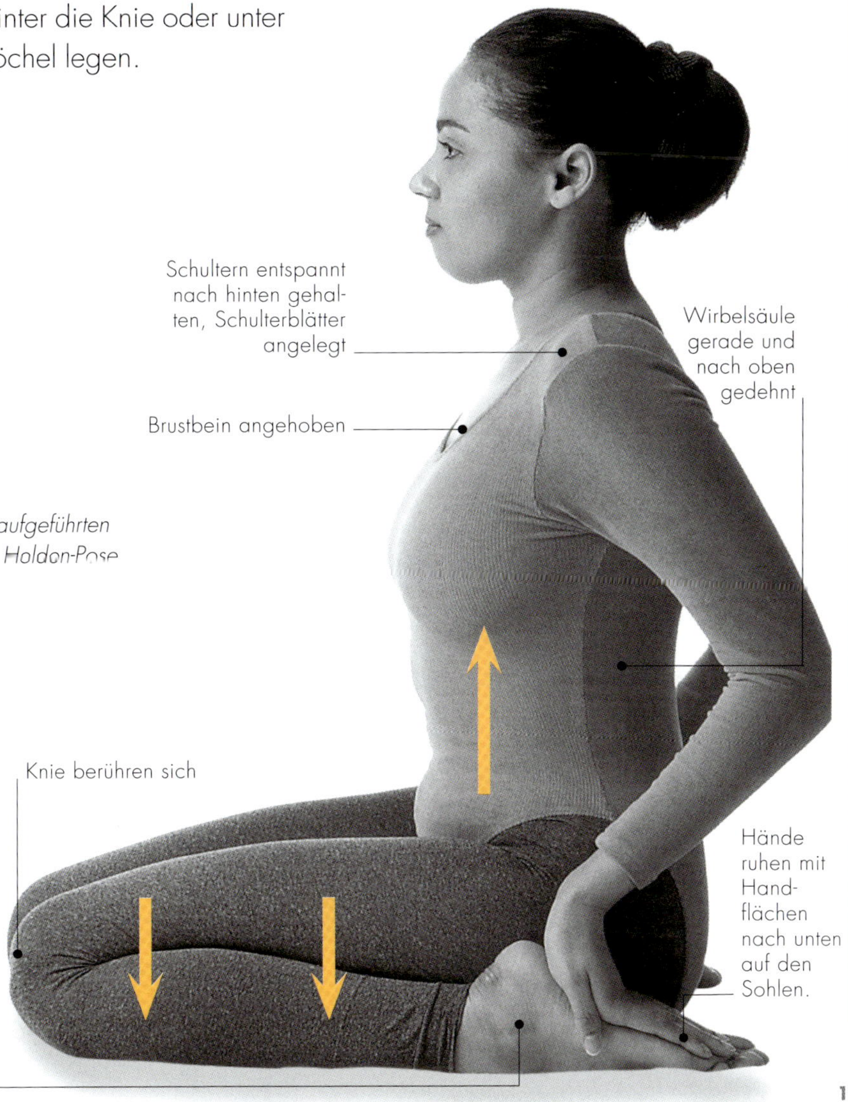

ANGEWINKELTE BEINE **Baddha konasana** wird oft Schuster-Pose genannt, da die Schuster in Indien traditionell mit weit gespreizten Knien und zusammengelegten Füßen sitzen und arbeiten. Das Sitzen in dieser Pose und die Dehnung mit angewinkelten Beinen, Upavistha Konasana, dehnt die Leiste kräftig. Die Posen sollen gegen Beschwerden im Harntrakt und gegen Menstruationsschmerzen wirksam sein.

Einen Gurt benutzen

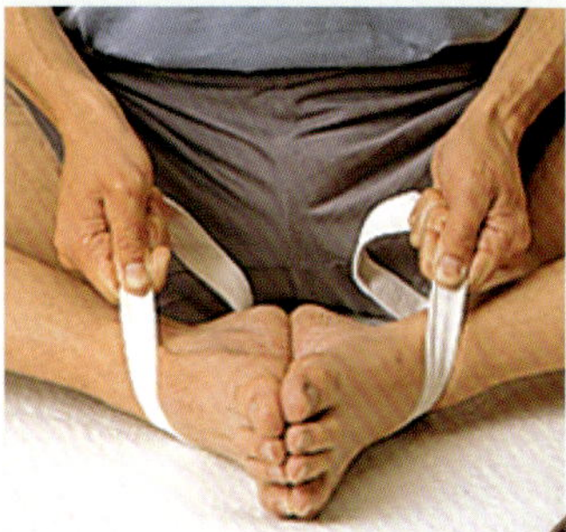

Um den Rücken beim Umfassen der Füße gerade zu lassen, können Sie einen Gurt um die Füße schlingen und daran ziehen, damit Sie sich nicht vorbeugen.

Schuster-Pose

1 *Sitzen Sie in der Stab-Pose. Beugen Sie die Knie und führen Sie die Füße zusammen.*

2 *Fassen Sie die Füße mit beiden Händen und ziehen Sie sie zu sich heran. Drücken Sie sie zusammen und senken Sie die Knie zu Boden. Dehnen Sie sich aus der Hüfte hoch. 30–60 Sekunden halten.*

Ausruhen und beenden

Legen Sie die Hände neben der Hüfte auf den Boden, strecken Sie die Beine und machen Sie Pause.

Dehnung mit gegrätschten Beinen

1 *Sitzen Sie in der Stab-Pose. Halten Sie den Rücken gerade und die Zehen angezogen. Grätschen Sie die Beine so weit wie möglich, sodass sie einen großen Winkel bilden. Drücken Sie Hände und Beine zu Boden. Beim Ausatmen beugen Sie sich vor, strecken die Arme aus und greifen Ihre großen Zehen. Halten Sie die Pose 5–10 Sekunden.*

2 *Beim Ausatmen ziehen Sie an den großen Zehen und beugen sich so weit wie möglich vor. Am Ende sollte die Stirn die Matte berühren. Halten Sie die Dehnung 5–10 Sekunden.*

Ausruhen und beenden

Atmen Sie ein und richten Sie sich auf. Legen Sie die Hände auf die Matte, führen Sie die Beine zusammen und machen Sie eine Pause.

Warnung

Falls sich Ihre Beine überdehnt anfühlen, wenn Sie Ihre Zehen greifen, sollten Sie Schritt 2 auslassen. Atmen Sie lieber ein und führen Sie die Beine zusammen. Üben Sie die Pose später, wenn Beine und Hüfte geschmeidiger geworden sind.

Die Hüftgelenke dehnen

Die Dehnungen auf S. 110–111 dehnen die Hüftgelenke und die Beine. Bei der Dehnung mit gegrätschten Beinen beugen Sie sich so weit wie möglich vor, ohne dabei die Taille zu beugen. Diese Bewegung trainiert die Lendenwirbelsäule, die Hüftgelenke sowie die Muskeln und Sehnen von Po und Oberschenkel. In der Schuster-Pose drücken Sie die angewinkelten Knie zu Boden und halten den Rücken gerade.

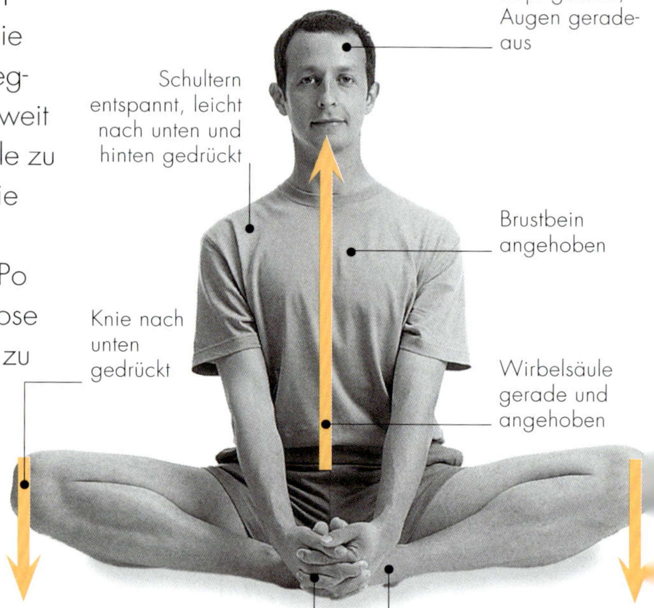

Die Schuster-Pose analysieren

Die in dem Diagramm aufgeführten Punkte sind wichtig, um Schritt 2 der Pose richtig ausführen zu können.

Hilfsmittel

Sitzen Sie anfangs bei beiden Posen auf einer gefalteten Decke oder auf einem Schaumstoffblock. Das hilft Ihnen, den unteren Rücken anzuheben und in der Schuster-Pose die Knie zu Boden zu senken. Falls Ihre Knie noch sehr weit vom Boden entfernt sind, sollten Sie sich ruhig auf zwei bis drei gefaltete Decken bzw. auf zwei Schaumstoffblöcke setzen.

Wenn Ihre Hände in der Dehnung mit gegrätschten Beinen die Zehen noch nicht erreichen, dürfen Sie sich nicht aus der Taille vorbeugen. Halten Sie stattdessen Ihre Waden umfasst. Legen Sie die Stirn auf einen Schaumstoffblock, wenn Sie nicht bis zur Matte kommen. Im Laufe der Zeit werden Sie so beweglich werden, dass Sie die Pose vollständig ausführen können.

Die Dehnung mit gegrätschten Beinen analysieren

Achten Sie auf alle Details, damit Sie die Pose korrekt ausführen.

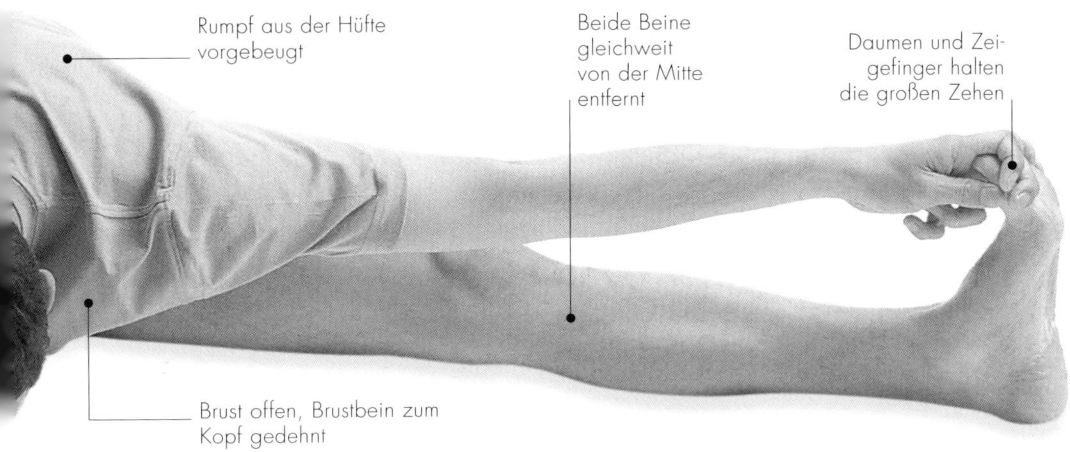

KOPF-ZUM-KNIE Diese Pose, **Janu Sirsasana**, ist ein Vorbeugen im Sitzen. Sie stimuliert die Verdauungsorgane, besonders Leber und Nieren, und soll auch bei Männern mit Prostatabeschwerden hilfreich sein. Es ist eine beruhigende, erholsame Pose – wie jedes Vorbeugen.

1 *Sitzen Sie in der Stab-Pose, die Hände neben den Hüften. Beugen Sie das linke Knie und ziehen Sie es nach links, bis es einen 90°-Winkel zum rechten Bein bildet. Drücken Sie den Fuß gegen den Oberschenkel.*

2 *Drücken Sie beide Beine zu Boden. Strecken Sie sich beim Ausatmen nach vorne und umfassen Sie den rechten Fuß. Halten Sie den Rücken gerade. Atmen Sie ein und ziehen Sie am Fuß.*

In der Pose entspannen

Legen Sie das gebeugte Knie auf einen Schaumstoffblock, falls die Pose anfangs unangenehm ist. Lassen Sie Kopf und Hals entspannt. Wenn Ihre Stirn das Schienbein noch nicht erreicht, legen Sie sie auf einen weiteren Schaumstoffblock.

3 *Beim Ausatmen strecken Sie den Rumpf über das rechte Bein und legen die Stirn auf das Schienbein. Halten Sie die Dehnung 10–15 Sekunden.*

Wiederholen und beenden

Lassen Sie den Fuß los, strecken Sie das linke Bein und atmen Sie ein. Richten Sie sich in die Stab-Pose auf. Wiederholen Sie die Schritte 1 bis 3 nach rechts.

Die Wirbelsäule strecken

Ein Vorbeugen im Sitzen beginnt in der Stab-Pose. Der Rücken wird dabei so gerade wie möglich gestreckt. Selbst wenn Sie sich bei Janu Sirsasana vorbeugen, um mit der Stirn das Knie zu berühren, müssen Sie Ihren Rumpf lang machen, ihn aus der Hüfte hoch dehnen und aus der Leiste vorstrecken. Wenn Sie sich aus der Taille vorbeugen, ist es sehr schwierig, den Rumpf gerade zu halten, sodass Ihre Hände die Füße nicht berühren können. Nutzen Sie jede Möglichkeit, um in dieser Pose die ganze Wirbelsäule vom fünften Lendenwirbel bis zum Atlas zu dehnen.

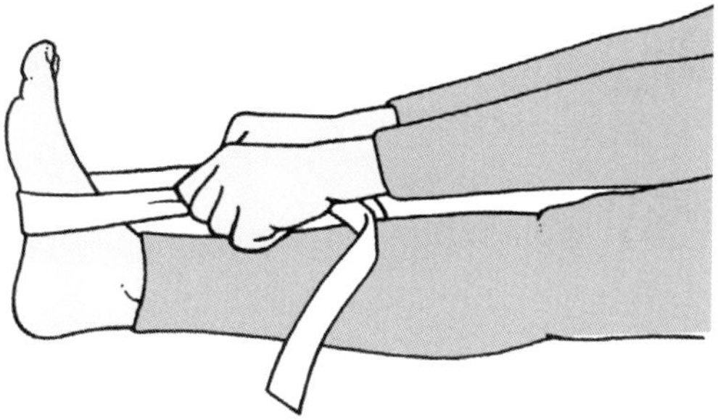

An der Pose arbeiten

Arbeiten Sie an der Beugung aus der Hüfte, indem Sie einen Gurt um den ausgestreckten Fuß legen und diesen mit beiden Händen halten. Arbeiten Sie sich mit den Händen daran Schritt für Schritt nach unten.

Die Dehnung erreichen

Drücken Sie im zweiten Schritt Ihre Beine fest zu Boden, bevor Sie sich im dritten Schritt vorbeugen. Halten Sie den Fuß mit beiden Händen, wenn Sie ihn erreichen können. Ziehen Sie Ihren Rumpf daran nach vorne. Überdehnen Sie den Körper bei dem Versuch aber nicht. Benutzen Sie eventuell einen Gurt, um sich nach vorne zu ziehen. Halten Sie den Rücken dabei gerade und beugen Sie sich immer ein Stück weiter hinunter. Wenn Sie anfangs das Knie nicht erreichen, legen Sie einen Schaumstoffblock oder eine gefaltete Decke auf Ihr Schienbein und – wenn das zu unbequem ist – auch unter das angewinkelte Knie. Im Laufe der Zeit wird Ihr Körper immer beweglicher, sodass Sie Ihren Kopf bequem auf das Knie legen und den Fuß mit beiden Händen umfassen können.

Hinweise

- Lassen Sie die Sohle des angewinkelten Beines in Höhe der Leiste am Oberschenkel liegen. Schieben Sie den Fuß nicht unter das gestreckte Bein.
- Strecken Sie den Rumpf in Richtung Kopf und halten Sie ihn parallel zum Boden. Das Brustbein befindet sich in einer Linie mit dem ausgestreckten Bein.

Die Kopf-zum-Knie-Pose analysieren

Beachten Sie jedes Detail in diesem Diagramm. So erreichen Sie eine perfekte Pose.

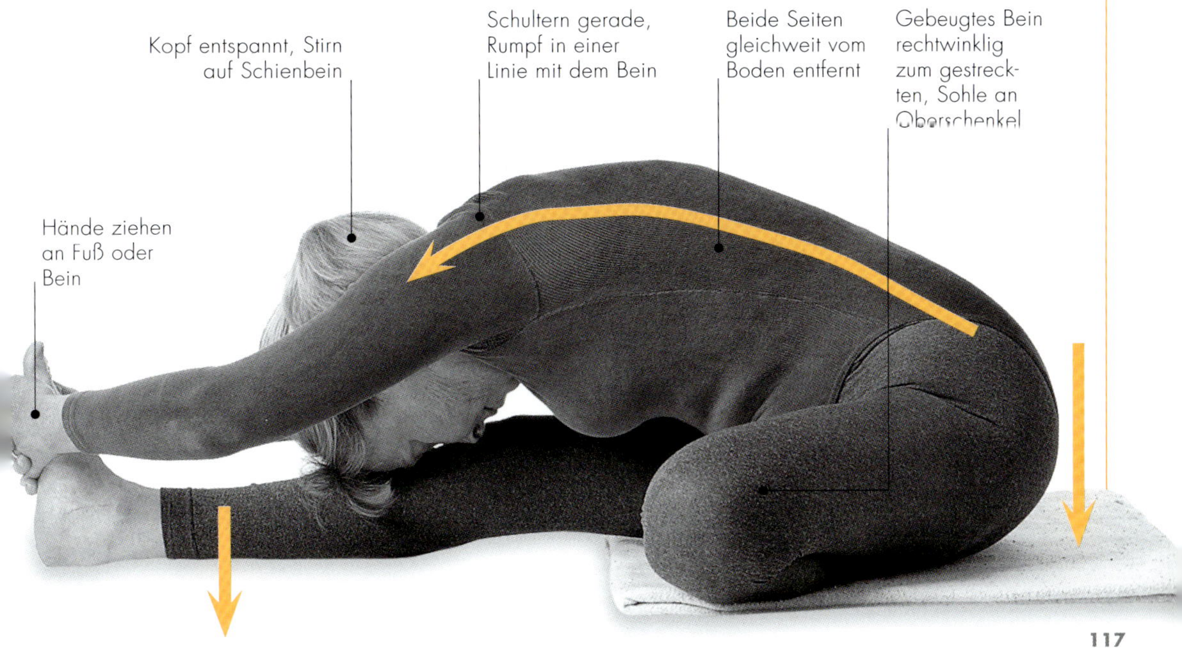

DREIGLIEDRIGE POSE

In dieser Pose hat der Körper drei Glieder: den Fuß, das Knie und den Po. Der lange Sanskritname – **Triang Mukhaikapada Paschimottanasana** – weist darauf hin, dass der Kopf beim Vorbeugen ein Bein berührt. Die Pose regt das Verdauungssystem an und entspannt Kopf und Herz. Außerdem soll sie Schmerzen und Schwellungen in den Beinen und Füßen lindern.

Die Beine ausrichten

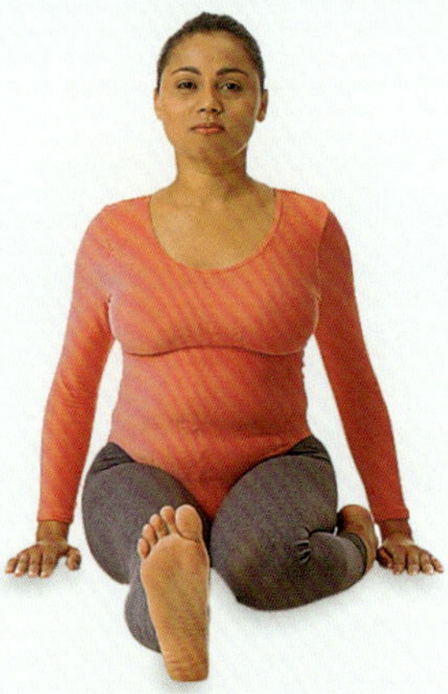

Das ausgestreckte Bein sollte gerade sein und von der Hüfte weggedehnt werden. Knie und Zehen zeigen nach oben. Ziehen Sie das gebeugte Bein heran, bis sich die Oberschenkel berühren. Die Innenseite der Ferse soll dabei den Po berühren.

1 *Sitzen Sie in der Stab-Pose, beugen Sie das linke Knie und ziehen Sie das linke Bein zum rechten heran, sodass der linke Fuß mit der Sohle nach oben neben der Hüfte liegt.*

2 *Drücken Sie beide Beine zu Boden und strecken Sie die Wirbelsäule nach oben. Dehnen Sie sich beim Ausatmen nach vorne und umfassen Sie den Fuß. Dehnen Sie sich aus der Hüfte so weit vor, bis Ihre Stirn das Schienbein berührt. Halten Sie die Pose ca. 20 Sekunden.*

Das Becken gerade halten

Halten Sie Ihr Becken gerade. Die Hüftknochen sollten auf einer Höhe bleiben, wenn Sie in Schritt 2 das Knie beugen. Strecken Sie die Sitzbeine die ganze Zeit zu Boden.

Wiederholen und beenden

Heben Sie den Kopf, lassen Sie den Fuß los und richten Sie sich zur Stab-Pose auf. Wiederholen Sie die Übung mit dem anderen Bein.

Working the Legs & Feet

Die Beine und Füße werden zwar oft überbeansprucht, aber zu wenig trainiert. Die dreigliedrige Pose auf S. 118–119 hilft Ihnen, das zu ändern. Beide Beine werden nacheinander gebeugt und gestreckt. Das trainiert die Kniegelenke, dehnt und bewegt die Knöchel und kräftigt den Spann der Füße. Das Dehnen des Beines, während es zu Boden gedrückt wird, trainiert die Achillessehnen, die Quadrizepsmuskeln der Oberschenkel und die Wadenmuskulatur.

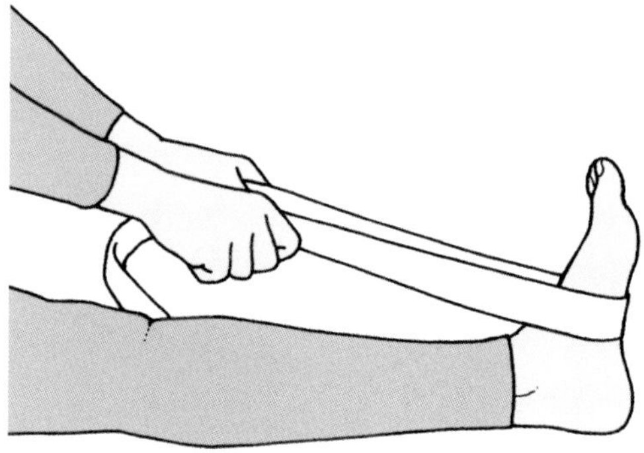

Einen Gurt verwenden

Legen Sie einen Gurt um Ihren Fuß und halten Sie ein Ende in jeder Hand. Dehnen Sie die Wirbelsäule nach oben und ziehen Sie am Gurt. Pressen Sie gleichzeitig mit dem Fuß dagegen.

Drei Glieder

Als drittes Glied wird in dieser Pose der Po angesehen. Das macht die Rolle der Hüfte beim Vorbeugen deutlich. Am Anfang der Pose sitzen Sie in der Stab-Pose. Die Hüftknochen sind auf gleicher Höhe. Drücken Sie die Sitzbeine zu Boden, wenn Sie das Knie beugen und den Rumpf vorstrecken. Falls es Ihnen schwerfällt, die Hüfte auf einer Höhe zu halten, können Sie sich auf einen Schaumstoffblock oder eine gefaltete Decke setzen und das Becken anheben.In dieser Pose trainieren Sie die Abduktoren – die Muskeln, die das Bein nach innen bewegen. Benutzen Sie diese, um die Oberschenkel parallel und nach unten gedrückt zu halten.

Drücken Sie die Hüfte und die Beine zu Boden und dehnen Sie den Rumpf nach oben, bevor Sie sich vorbeugen. Falls Ihre Hände anfangs nur die Wade erreichen, verwenden Sie einen Gurt als Hilfsmittel (s. o.). Wenn Sie mit dem Kopf nicht ganz bis zum Bein kommen, legen Sie sich einen Schaumstoffblock auf das Schienbein oder legen Sie die Stirn auf einen Stuhl.

Das ständige Üben dieser Pose macht die Hüftgelenke beweglich. Bald werden Sie in der Lage sein, die Hände bequem hinter dem Fuß zusammenzulegen.

Hinweise

- Halten Sie das Gleichgewicht. Die Mitte des Oberschenkels muss immer zur Decke zeigen.
- Ziehen Sie am Fuß, um Ihren Rumpf nach vorne zu schieben. Beugen Sie dabei die Ellbogen.
- Dehnen Sie die Vorder- und Rückseite

Die dreigliedrige Pose analysieren

Das korrekte Ausrichten aller Körperteile ist beim Yoga sehr wichtig. Beachten Sie daher alle Details ganz genau.

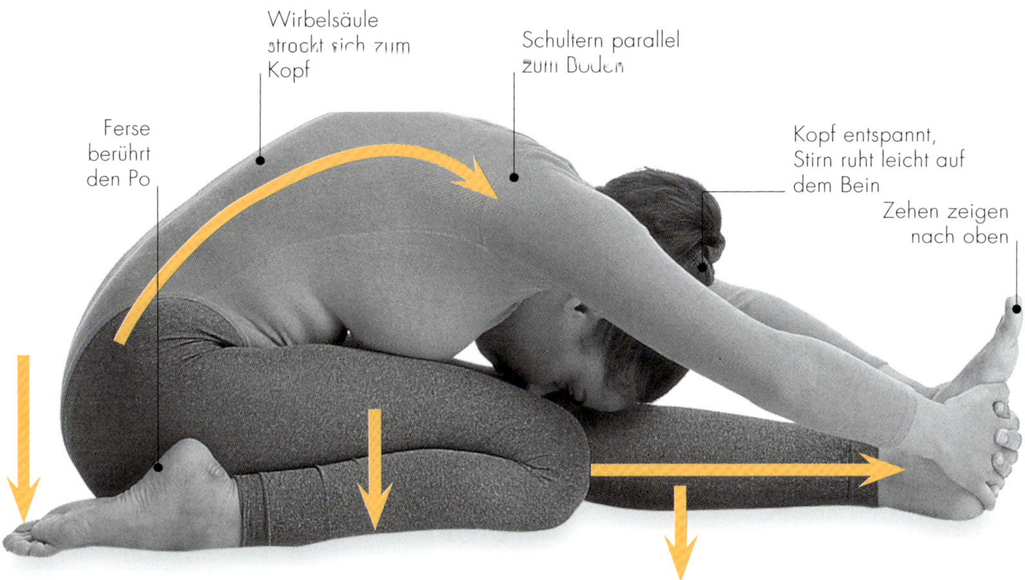

KLAMMER Bei dieser Pose, **Paschimottanasana**, strecken Sie den ganzen Körper aus der Hüfte heraus nach vorne, als wollten Sie sich zusammenfalten. Das Herz befindet sich unter der Wirbelsäule, was die Belastung reduziert. Die Wirbelsäule wird gedehnt und der Blutkreislauf im Unterkörper wird angeregt. Diese Pose beruhigt, entspannt, erfrischt und belebt.

1 *Sitzen Sie in der Stab-Pose und drücken Sie Hände und Beine zu Boden. Dehnen Sie sich hoch.*

Achtung

Führen Sie diese Pose – wie jede Vorbeuge-Pose – bei Rückenproblemen nicht vollständig aus. Setzen Sie sich leicht erhöht hin und hören Sie bei Schritt 2 auf.

2 *Beim Ausatmen beugen Sie sich vor, strecken die Arme und fassen die Seiten der Füße. Halten Sie die Wirbelsäule gerade.*

An der Pose arbeiten

Beugen Sie sich nicht aus der Taille, um die Füße zu erreichen. Legen Sie einen Gurt um die Füße und wandern Sie mit den Händen so weit wie möglich daran herunter. Dehnen Sie sich immer ein bisschen weiter hinunter.

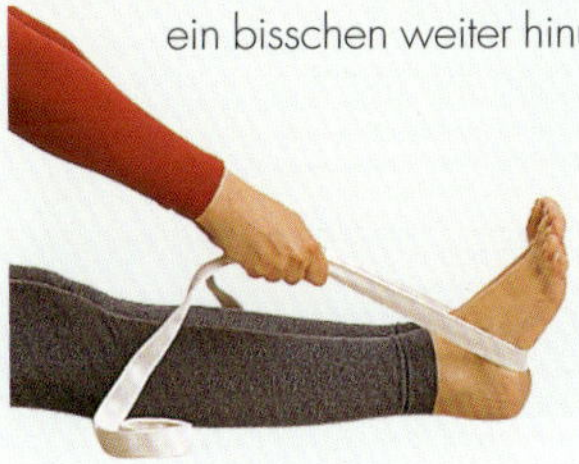

3 *Strecken Sie den Rumpf über die Beine. Beugen Sie die Ellbogen zur Seite und ziehen Sie sich an den Füßen hinunter, bis Ihre Stirn auf den Schienbeinen ruht. Halten Sie die Pose bis zu 20 Sekunden.*

Beenden und ausruhen

Heben Sie den Kopf, lassen Sie die Füße los und richten Sie sich auf. Machen Sie eine Pause.

Eine extreme Dehnung

Das Vorbeugen auf S. 122–123 dehnt den ganzen Körper sehr intensiv. Falls Ihr Rücken und die Hüftgelenke nicht bereits sehr geschmeidig sind, werden Sie an der Pose einige Zeit arbeiten müssen, bevor Sie sie ohne Hilfsmittel durchführen können. Setzen Sie sich anfangs auf einen Schaumstoffblock oder eine gefaltete Decke und benutzen Sie einen Gurt, um sich nach vorne zu ziehen. Halten Sie dabei den Rücken so gerade wie möglich. Sie können auch einen niedrigen Stuhl über die Beine stellen bzw. mehrere Schaumstoffblöcke auf Ihre Knie und die Stirn dann darauf legen. Je geschmeidiger der Körper wird, desto einfacher wird das Vorbeugen.

Der Dehnungsimpuls

Das Hochdehnen aus der Hüfte vereinfacht das Vorbeugen. Es verlängert die Wirbelsäule, sodass Sie sich weiter vorstrecken können. Bei schwierigen Posen neigt man dazu, den Rumpf nach hinten zu wölben. Machen Sie von Zeit zu Zeit eine Pause und drücken Sie Sitzbeine, Beine und Füße fest zu Boden. Dadurch bekommen Sie den Impuls, die Wirbelsäule und das Brustbein zum Kopf zu strecken. Fassen Sie Ihre Füße und beugen Sie die Ellbogen zu den Seiten (oder ziehen Sie am Gürtel). Ziehen Sie den Rumpf nach vorne Im Laufe der Zeit werden Sie in der Lage sein, die Füße bequem zu umfassen und die Stirn auf den Beinen ruhen zu lassen. Atmen Sie beim Halten der Pose normal und rhythmisch.

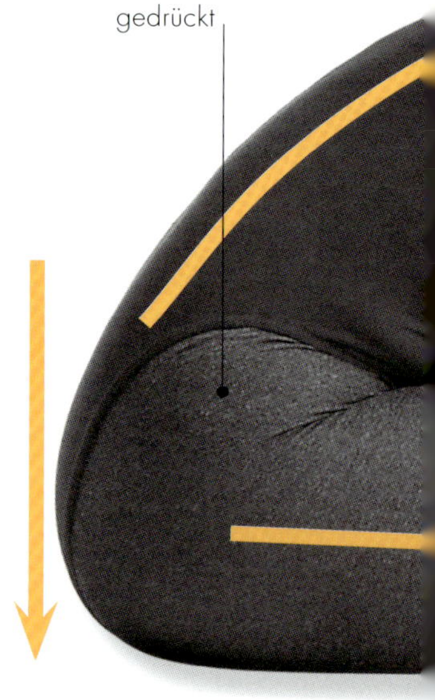

Hinweise

- Denken Sie daran, vor der Dehnung einzuatmen und sich beim Ausatmen vorzustrecken.
- Lassen Sie die Schultern entspannt und die Schulterblätter flach angelegt.
- Stellen Sie sich vor, wie Ihre Wirbelsäule ganz gerade und lang wird, während Sie sich vorbeugen.

Die Klammer-Pose analysieren

Um in Schritt 3 dieser Pose die volle Dehnung zu erreichen, müssen Sie jedes Detail sorgfältig beachten.

SCHUSTER-BODENPOSE Diese liegende Version der Schuster-Pose, Supta Baddha Konasana, ist eine passive und erholsame Pose. Sie dehnt die Leiste, verbessert den Kreislauf im Beckenbereich und formt die Muskeln von Hüfte und Beinen.

1 *Sitzen Sie in der Schuster-Pose. Die Spitzen Ihrer Zehen berühren ganz leicht eine Wand. Ihre Hände liegen neben der Hüfte auf dem Boden.*

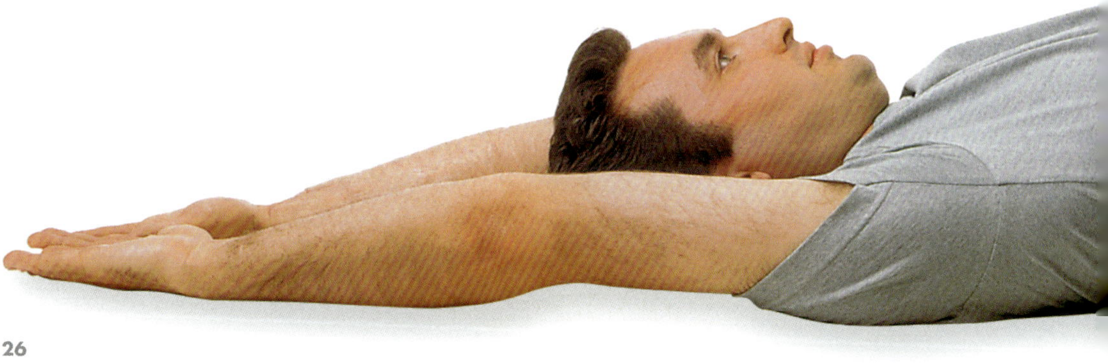

2 *Drücken Sie die Hände zu Boden und heben Sie die Hüfte ein Stück an. Rutschen Sie mit dem Po so weit wie möglich an Ihre Fersen heran. Dann senken Sie den Rumpf auf die Matte.*

3 *Heben Sie die Hüfte von der Matte und rutschen Sie weiter an die Fersen heran. Senken Sie den Po und strecken Sie die Arme entspannt über den Kopf. 1–2 Minuten halten.*

Beenden und ausruhen

Legen Sie die Arme an die Seiten, drehen Sie sich mit gebeugten Beinen auf die Seite und setzen Sie sich auf. Strecken Sie die Beine und ruhen Sie sich aus.

HUNDE-POSE Diese Pose, **Adho Mukha Svanasana**, imitiert einen Hund, der sich gerade streckt. Es ist eine Pose, die Steifheit in den Schultern sowie Überlastung und Müdigkeit der Beine und Füße lindern kann. Sie hilft auch gegen Erschöpfung, da sie den Herzschlag verlangsamt und Gehirn und Nervensystem belebt.

1 *Legen Sie sich mit dem Gesicht nach unten auf eine rutschfeste Unterlage. Die Ellbogen sind gebeugt und die Hände liegen mit gespreizten Fingern unter Ihren Schultern. Die Füße sind ca. 30 cm weit auseinander.*

2 *Beim Ausatmen drücken Sie die Hände und Füße nach unten und richten sich auf den Knien auf. Richten Sie die Hände so aus, dass die Mittelfinger parallel liegen. Ziehen Sie die Zehen an und atmen Sie ein.*

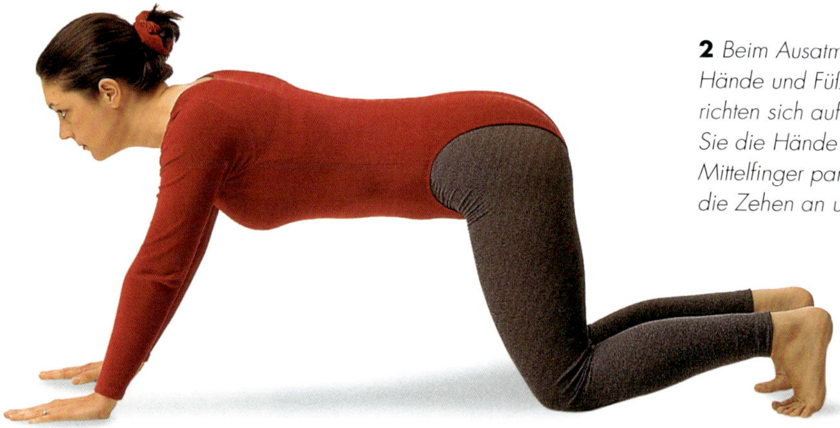

Zehen und Fersen

Ihre Füße befinden sich die ganze Pose über 30 cm weit auseinander. In Schritt 3 senken Sie die Fersen so weit wie möglich zu Boden. Drücken Sie sie auf die Matte, während Sie die Beine zu den Hüften dehnen.

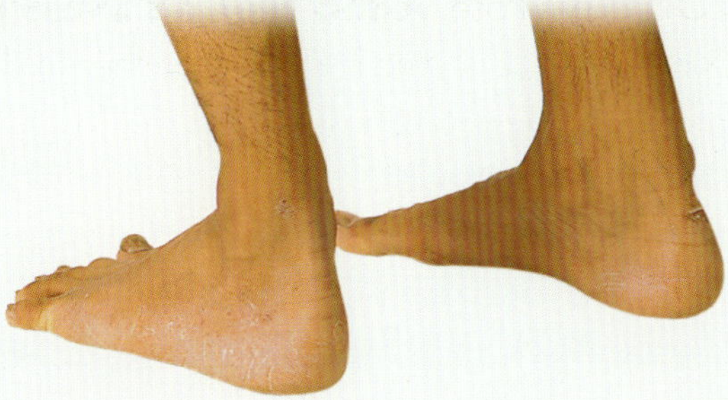

3 *Beim Ausatmen heben Sie die Hüfte an, sodass Ihr Körper ein umgedrehtes V bildet. Dehnen Sie die Arme, den Rumpf und die Beine nach oben zur Hüfte und pressen Sie die Hände und Fersen zu Boden. Lassen Sie den Kopf zwischen die Schultern fallen. 15–20 Sekunden halten.*

Beenden und ausruhen

Heben Sie den Kopf und beugen Sie die Beine, bis Sie knien. Ruhen Sie sich in dieser Position aus.

Energie sammeln

In der Hunde-Pose wird der ganze Körper gedehnt. Sie regt den Kreislauf an und ist ein gutes Mittel gegen Erschöpfung. Um die volle Dehnung zu erreichen, müssen Sie sorgfältig auf die Ausrichtung aller Körperteile achten. Legen Sie zuerst Ihre Hände in die richtige Position. Dabei liegen die Finger gespreizt, die Mittelfinger parallel und die Fingerspitzen auf Höhe der Schultern. Fangen Sie an, sich zu dehnen, wenn Sie die Hüfte anheben. Drücken Sie die Hände und Füße zu Boden und dehnen Sie die Arme nach oben.

An der Pose arbeiten

Prüfen Sie am besten im Spiegel, ob Ihr Körper wirklich ein umgedrehtes V bildet. Ihre Beine und der Rücken sollten gerader sein als auf diesem Bild und die Fersen tiefer gesenkt. Dehnen Sie den Rumpf und die Beine nach oben, von Händen und Füßen weg.

Umgedrehtes V

Ihre gestreckten Beine bilden eine Hälfte des V, der Rumpf und die Arme die andere. Ihre Hüfte ist die Spitze. Lassen Sie sich nicht dazu verleiten, ein Stück weiter nach vorne zu gehen, damit Sie die Fersen absetzen können. Je mehr Sie sich nach oben dehnen, desto weiter werden sich die Fersen senken. Arbeiten Sie an der Dehnung. Pressen Sie Ihre Füße zu Boden und dehnen Sie die Oberschenkel zur Hüfte. Gleichzeitig dehnen Sie auch Ihre Arme und den Rumpf zur Hüfte. Ihr Hals ist entspannt, Ihr Kopf hängt locker

herunter und der Scheitel berührt den Boden. Die gesamte Rückseite Ihres Körpers wird gedehnt, während der Bauch entspannt bleibt.

Hinweise

- Üben Sie diese Pose nicht auf einem Teppichläufer oder auf einer rutschigen Oberfläche. Trainieren Sie auf einer rutschfesten Matte, dem Teppichboden o. Ä.
- Verändern Sie während der Pose nicht die Positionen von Händen oder Füßen. Platzieren Sie diese gleich am Anfang der Pose richtig.

Die Hunde-Pose analysieren
Überprüfen Sie alle Details, um Schritt 3 ordentlich durchzuführen.

2 *Beim Ausatmen lehnen Sie sich nach hinten, bis das Gewicht Ihres Rumpfs von den Ellbogen getragen wird. Die Hände halten immer noch die Fußsohlen. Dehnen Sie den Rumpf zum Kopf und strecken Sie den Rücken, indem Sie die Sitzbeine anheben, sie zu den Füßen dehnen und wieder senken.*

3 *Lehnen Sie sich weiter nach hinten, bis Ihr Kopf auf der Matte ruht. Strecken Sie die Arme mit den Handflächen nach oben über den Kopf. Halten Sie die Pose mindestens 20 Sekunden.*

Beenden und ausruhen

Führen Sie die Arme wieder nach vorne, legen Sie die Hände auf die Füße und richten Sie sich bis zur Helden-Pose auf. Ruhen Sie sich aus.

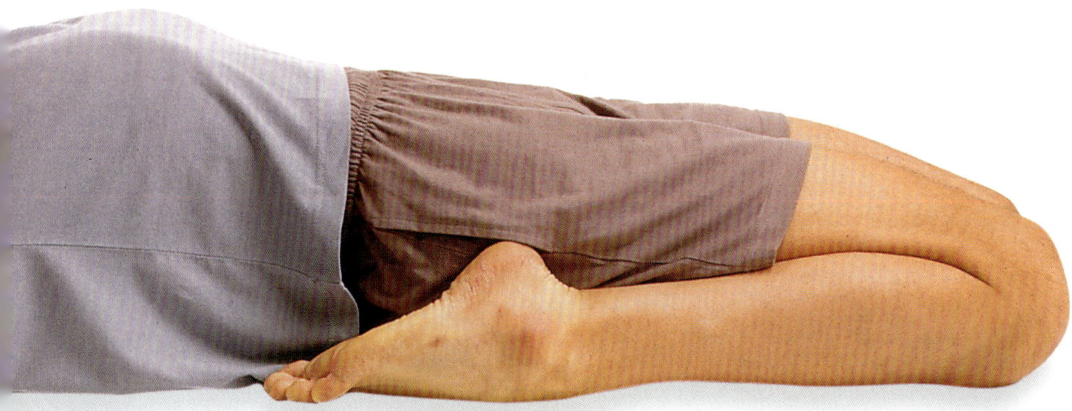

TOR-POSE In dieser Pose, **Parighasana**, bildet Ihr Körper ein Tor mit den ausgestreckten Armen und dem Rumpf als Querstange. Wie in der Dreieckshaltung werden auch hier beide Seiten des Körpers gedehnt. Da Sie dabei knien und den Rumpf zur Seite strecken, ist sie jedoch etwas anspruchsvoller als das Dreieck.

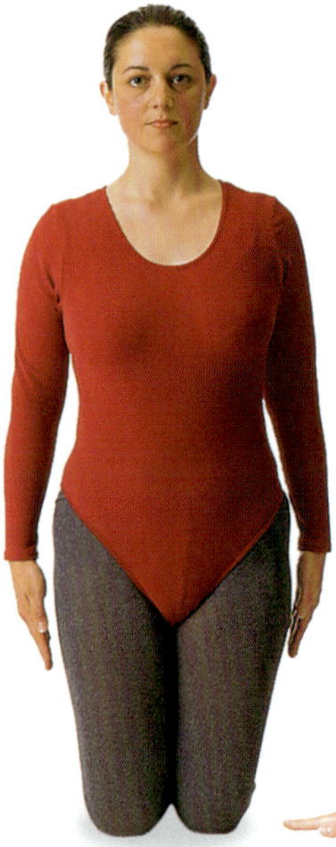

1 *Knien Sie sich auf eine gefaltete Decke. Die Arme hängen an den Seiten. Drücken Sie die Beine zu Boden. Dehnen Sie die Vorderseite Ihres Körpers nach oben und die Sitzbeine zu Boden.*

2 *Atmen Sie ein und heben Sie beim Ausatmen die Arme, mit den Handflächen nach unten, auf Schulterhöhe. Dehnen Sie sie nach außen, während Sie Ihr rechtes Bein mit ausgestrecktem Fuß nach rechts strecken.*

3 Halten Sie die Arme gerade. Der Rumpf zeigt nach vorne. Atmen Sie ein und beugen Sie sich beim Ausatmen aus der Hüfte nach rechts, bis der Handrücken das Bein berührt.

4 Führen Sie den linken Arm zum rechten, bis der Oberarm am Ohr liegt. Halten Sie die Pose bis zu 10 Sekunden.

Wiederholen und beenden

Wiederholen Sie die Pose nach links. Kehren Sie zu Schritt 1 zurück, setzen Sie sich zurück und ruhen Sie sich aus.

Den Arm heben

Halten Sie den Rumpf gerade und die Schultern auf einer Höhe, sodass der Oberarm an der Seite Ihres Kopfs liegt. Arbeiten Sie daran, ihn bis hinter das Ohr zu dehnen.

BAUCHDREHUNG **Jathara Parivartanasana** ist die optimale Pose zur Kräftigung von schlaffen Bauchmuskeln. Sie verbessert die Funktion von Leber, Milz, Bauchspeicheldrüse und Darm. Außerdem soll sie ein gutes Schlankheitsmittel sein und Rückenschmerzen lindern. Die Beine beschreiben einen Halbkreis, während sie von einer Seite zur anderen schwingen und die Taille kräftig dehnen.

1 *Liegen Sie auf dem Rücken und beugen Sie die Beine. Dehnen Sie die Arme mit den Handflächen nach oben zu den Seiten.*

2 *Drücken Sie die Schultern zu Boden und ziehen Sie die Knie zur Brust.*

Die Schultern ausrichten

Heben Sie nicht die Schultern an, während Sie die Beine zur Seite schwingen. Die Schultern sollten während der gesamten Pose auf der Matte liegen.

3 *Halten Sie die Schultern auf der Matte, schwingen Sie die Beine nach rechts und drehen Sie den Bauch nach links. Halten Sie die Pose 10–15 Sekunden.*

Wiederholen und beenden

Heben Sie die Knie wieder zur Brust und wiederholen Sie die Übung nach links. Kehren Sie zu Schritt 1 zurück, strecken Sie die Beine und ruhen Sie sich aus.

Massage durch Bewegung

Das seitliche Schwingen der Beine, während der obere Rücken und die Schultern am Boden bleiben, dreht die Wirbelsäule und massiert und stimuliert den unteren Rücken. Wenn Sie zu Anfang die Knie zur Brust ziehen, dehnen Sie den unteren Rücken, sodass Sie die Wirbelsäule problemlos drehen können. Ziehen Sie die Knie zur Brust, strecken Sie die Sitzbeine vom Kopf weg und dehnen Sie sich von den Hüftknochen bis zum Brustbein und vom Brustbein bis zu den Fingerspitzen.

Den Bauch drehen

Lassen Sie Ihre Beine nicht zu Boden fallen, sondern senken Sie sie sanft bei einem Ausatmen ab. Halten Sie dabei Hüfte und Rumpf in einer Linie, um die Wirbelsäule nicht zu erschüttern. Während Sie die Beine in die eine Richtung drehen, drehen Sie den Bauch in die andere. Wenn Sie dabei die Knie eng an die Brust gezogen halten, dehnt das den Rücken und die Taille kräftig.

Die Bauchdrehung analysieren

Achten Sie auf alle hier aufgeführten Details, um den Massageeffekt der Bauchdrehung ganz auszunutzen.

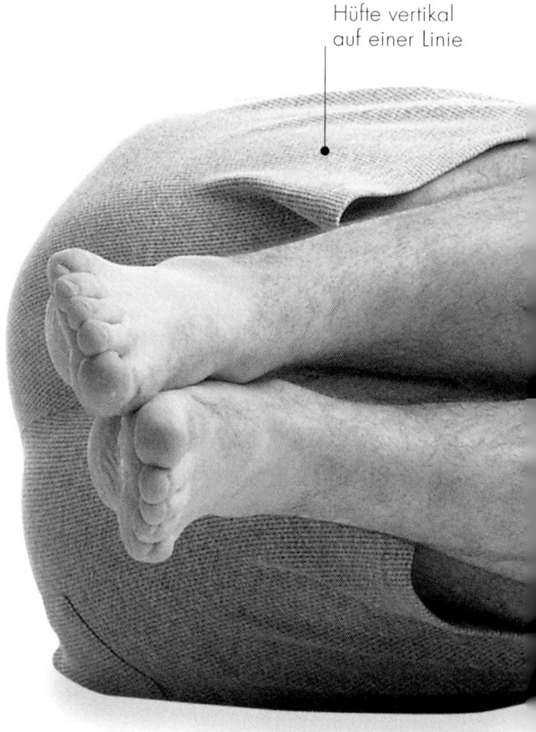

Hinweise

- Halten Sie die Hüfte während der gesamten Pose vertikal in einer Linie. Achten Sie darauf, dass die Oberseite der Hüfte und der Rumpf nicht den Beinen folgen und zur Seite rollen.
- Halten Sie beide Schultern und einen größtmöglichen Teil des Rückens auf der Matte.

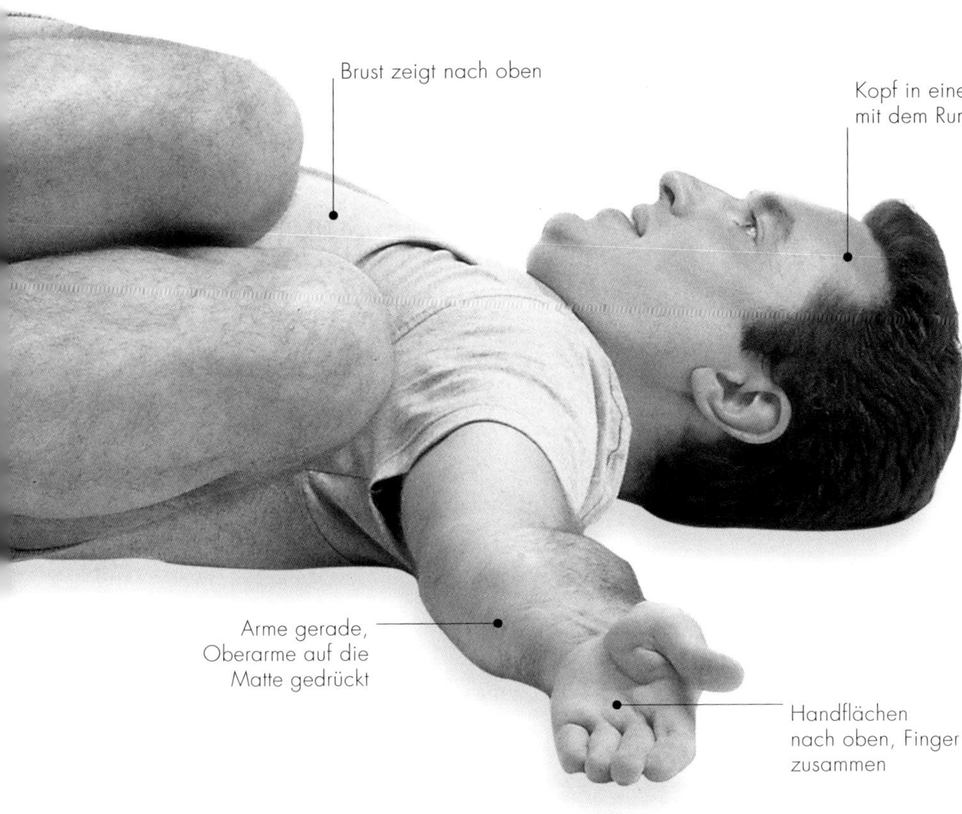

BOOT-POSEN Diese beiden Posen kräftigen die Rücken- und Bauchmuskeln. Beide entsprechen dem zweiten Schwierigkeitsgrad, aber das Halbboot, **Ardha Navasana**, verlangt mehr von den Muskeln als das Ruderboot, **Paripurna Navasana**. Die Posen beleben den Rücken und sind förderlich für die Verdauungsorgane: Leber, Gallenblase, Milz und Darm.

Ruderboot

1 *Sitzen Sie in der Stab-Pose, pressen Sie die Sitzbeine zu Boden und strecken Sie den Rumpf. Beim Ausatmen lehnen Sie sich nach hinten und heben die Beine an, bis Ihre Füße höher sind als Ihr Kopf.*

2 *Während Sie sich nach hinten lehnen, strecken Sie die Arme parallel zum Boden nach vorne aus. Halten Sie die Pose 10–15 Sekunden und atmen Sie dabei normal.*

Halbboot

1 *Sitzen Sie in der Stab-Pose und verschränken Sie die Arme hinter dem Kopf. Die Oberarme sind dabei parallel. Drücken Sie die Sitzbeine zu Boden und dehnen Sie den Rumpf hoch.*

2 *Atmen Sie ein und lehnen Sie sich beim Ausatmen zurück. Gleichzeitig heben Sie die Beine an, bis Ihre Zehen auf gleicher Höhe mit den Augen sind. Halten Sie die Pose 5–15 Sekunden, dann ruhen Sie sich aus.*

Das Gleichgewicht halten

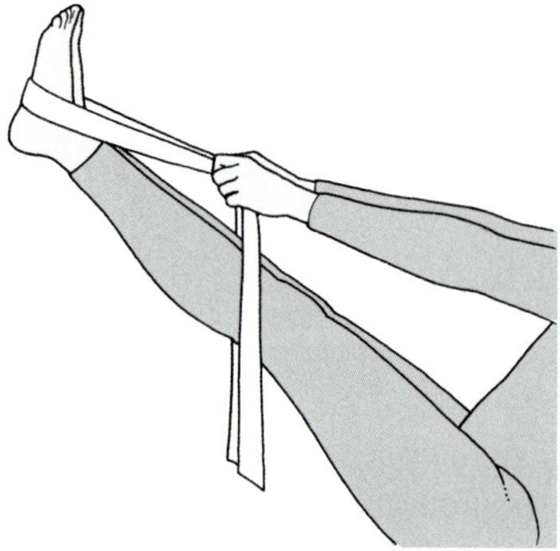

In den beiden Posen lehnen Sie sich nach hinten und heben die Beine an, sodass Sie auf dem Po balancieren. Beim Ruderboot werden der Rumpf und die Beine in einem 60°-Winkel zur Matte gehalten. Ihr Körper bildet ein fast perfektes V. Beim Halbboot werden der Rücken und die Beine in einem größeren Winkel gehalten.

Das Gleichgewicht halten

Dehnung ist hierbei der Schlüssel zum Gleichgewicht. Halten Sie Wirbelsäule und Rumpf nach oben gedehnt und die Sitzbeine zu Boden gedrückt. Halten Sie die Beine gerade und zusammengepresst. Atmen Sie während der Dehnung ein und beim Anheben der Beine und Arme aus. Atmen Sie beim Halten der Pose normal.

Schaukeln Sie beim Anheben der Beine auf den Sitzbeinen nach hinten. Beim Ruderboot stabilisieren Sie sich mit den Händen, bis Sie die Beine angehoben haben. Dann strecken Sie die Arme vor. Falls es Ihnen das Halten der Balance schwerfällt, beugen Sie die Beine, verschränken die Hände hinter den Knien und ziehen an den Beinen. Sie können die Füße auch an eine Wand stellen bzw. sie auf einen Stuhl legen und dabei die Stuhlbeine mit den Händen festhalten.

Ruderboot

Falls Sie Schwierigkeiten haben, die Ruderboot-Pose zu halten, sollten Sie an Ihren Rücken- und Bauchmuskeln arbeiten. Sie können auch einen Gurt um die Füße legen, ein Ende in jeder Hand halten und daran ziehen.

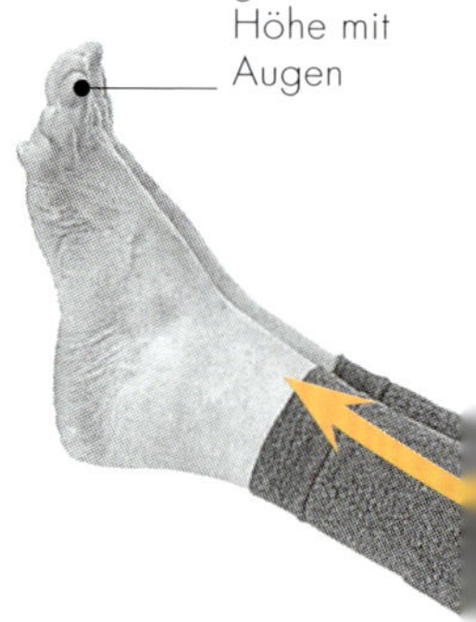

Hinweise

- Halten Sie nicht die Luft an.
- Falls Ihre Bauchmuskeln zu zittern beginnen, versuchen Sie dies zu ignorieren, so lange es nicht weh tut. Es ist ein Zeichen, dass die Muskeln arbeiten.
- Halten Sie die Schultern entspannt, damit die Schulterblätter flach anliegen. Wenn Sie merken, dass sich Nacken und Schultern verspannen, machen Sie eine Pause und üben die Pose später weiter.

Das Halbboot analysieren

Das Halten des Gleichgewichts in dieser Pose bedarf einiger Übung. Achten Sie auf jedes Detail in diesem Bild.

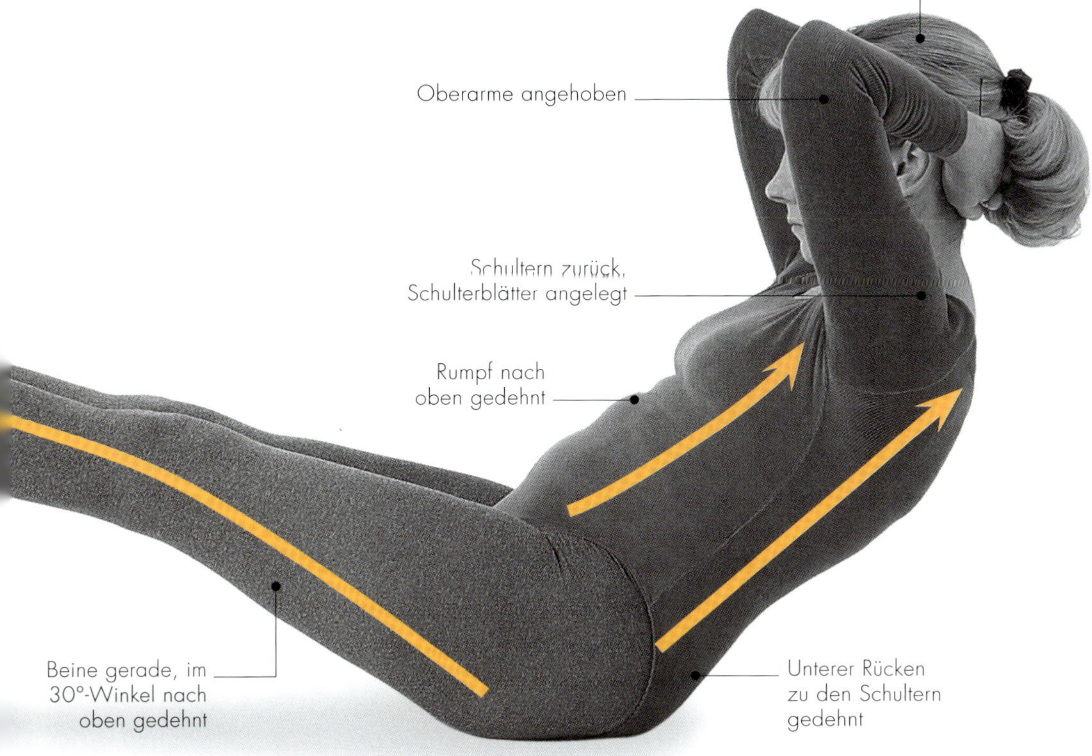

BEINDEHNUNG AM BODEN

Diese Serie von Bodenübungen, Supta Padangusthasana, dehnt die Beine und arbeitet mit der Hüfte. Hier sehen Sie zwei Übungen. Sie kurbeln den Blutkreislauf im Unterkörper an und sind daher zum Aufwärmen von Beinen und Füßen geeignet. Außerdem verbessern sie die Beweglichkeit der Hüftgelenke.

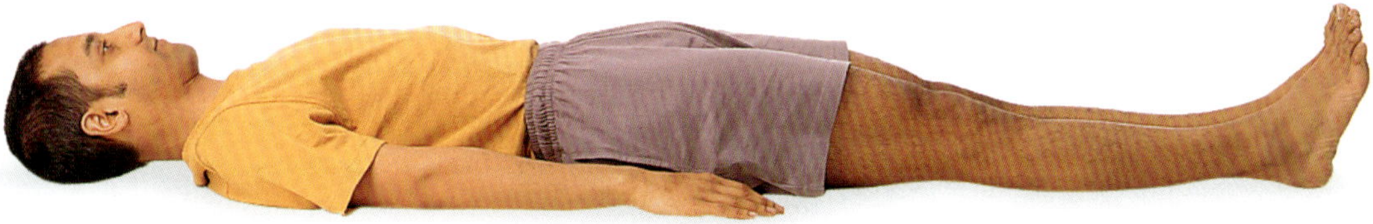

Supta Padangusthasana I

1 *Liegen Sie in Tadasana und ziehen Sie die Knie zur Brust. Dann lassen Sie die Beine am Boden entlanggleiten, bis sie ganz gerade sind.*

2 *Drücken Sie das linke Bein zu Boden und heben Sie das rechte an. Beugen Sie es, um den großen Zeh fassen zu können.*

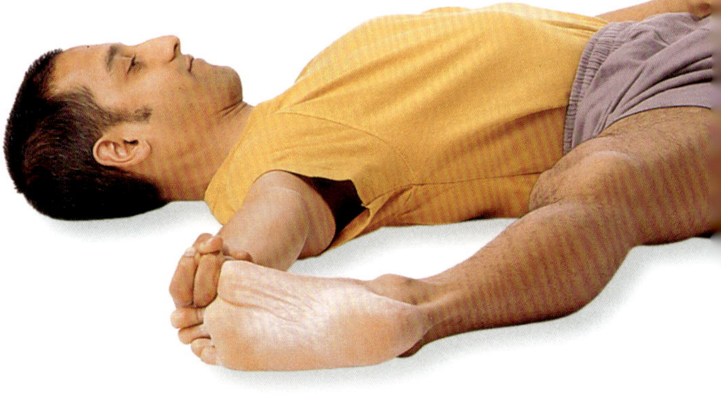

3 *Halten Sie den Zeh fest und strecken Sie das Bein aus. Ziehen Sie es so weit wie möglich zum Kopf heran. Halten Sie die Dehnung bis zu 10 Sekunden.*

Wiederholen und ausruhen

Lassen Sie den Zeh los und senken Sie das Bein. Wiederholen Sie die Übung mit dem linken Bein und ruhen sich anschließend kurz aus.

Supta Padangusthasana II

4 *Wiederholen Sie die Schritte 1 bis 3 von Supta Padangusthasana I. Dann legen Sie die linke Hand auf den linken Oberschenkel, drücken ihn nach unten und drehen das rechte Bein aus der Hüfte nach außen. Senken Sie Arm und Bein zu Boden und halten Sie die Pose bis zu 10 Sekunden.*

Wiederholen und beenden

Ruhen Sie kurz in Tadasana und wiederholen Sie die Übung nach links.

Den Zeh halten

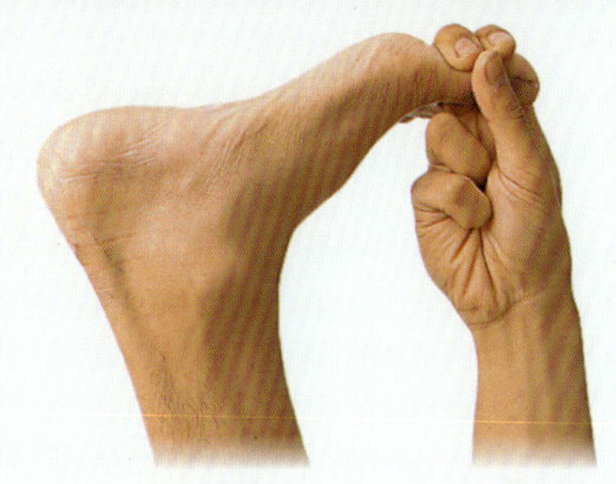

Halten Sie den großen Zeh zwischen Daumen, Zeige- und Mittelfinger.

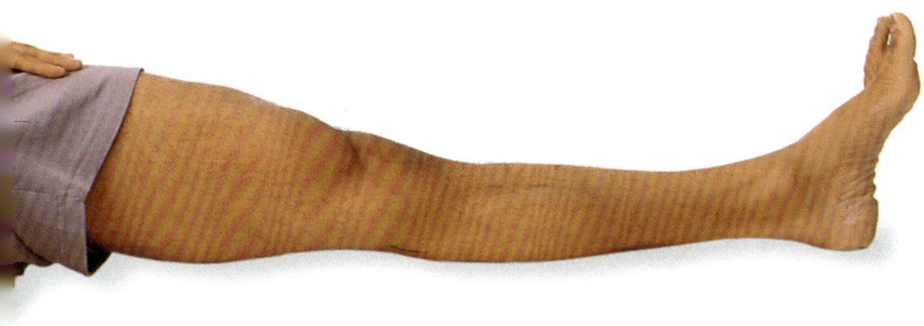

Üben mit den Hüftgelenken

Halten Sie die Beine während der Übungen auf S. 146–147 so gerade wie möglich. Das mobilisiert die Hüftgelenke und Beine. Am Anfang jeder Pose müssen sich Knie, Knöchel und große Zehen berühren. Lassen Sie das eine Bein in dieser Position liegen, wenn Sie das andere anheben. Es sollte weiterhin auf die Matte gedrückt und zu den angezogenen Zehen gedehnt bleiben.

Im dritten Schritt strecken Sie das Bein aus und ziehen es langsam zu sich heran. Fühlen Sie die Dehnung von der Hüfte bis zur Ferse. Halten Sie den Fuß rechtwinklig zum Bein. Wenn Sie den Zeh greifen oder am Gurt ziehen, dürfen Sie die Zehen nicht zu sich nach unten ziehen oder nach oben strecken.

Zweite Bewegung

Die zweite Bewegung in dieser Serie sehen Sie in Schritt vier auf S. 147. Dabei müssen Sie das Bein erst ein wenig aus der Hüfte drehen, bevor Sie es zu Boden ziehen und dabei die Hüfte kräftig hinunterdrücken. Halten Sie es gerade und bewegen Sie es beim Senken zum Kopf. Am Ende soll Ihr Arm auf einer Höhe mit der Schulter sein. Sie können es anfangs auf einem Stapel Bücher o. Ä. ablegen. Im Laufe der Zeit werden Sie es auf den Boden legen können.

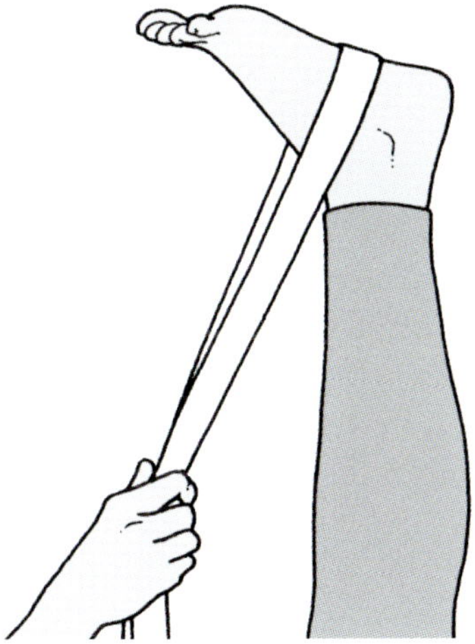

An der Pose arbeiten

Falls Sie das Bein nicht strecken können, während Sie den Zeh halten, legen Sie einen Gurt um den Fuß und halten Sie beide Enden so nah wie möglich am Fuß.

Hinweise

- Legen Sie die Beine zu Boden, bevor Sie sie in Schritt 1 strecken. Falls Sie die Streckung in der Luft machen, zieht das Gewicht das Becken hoch und Sie laufen Gefahr, sich den Rücken zu zerren.
- Lassen Sie die Beine nicht zur Seite kippen. Ihre Knie und Zehen zeigen in Schritt 1 und 2 direkt nach oben und das angehobene Bein zeigt in Schritt 3 zum Kopf.
- Wenn Sie einen Gurt verwenden, halten Sie diesen in einer Hand, während Sie das Bein strecken. Drücken Sie mit dem Fuß dagegen.

Supta Padangusthasana I analysieren

Befolgen Sie die Anweisungen aus dem Diagramm, um Schritt 3 von Padangusthasana I auf S. 147 zu erreichen.

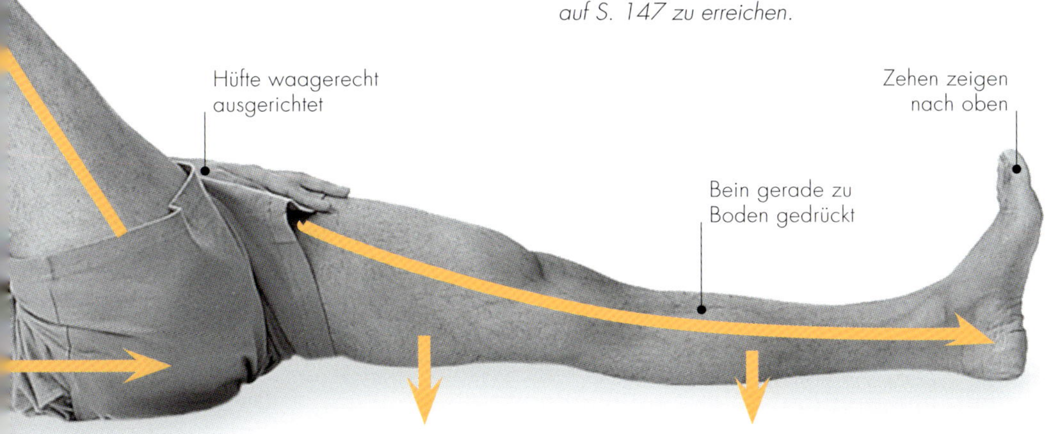

HELDEN-BODENPOSE **Supta Virasana** ähnelt der Helden-Pose, wird aber im Liegen und mit über den Kopf gestreckten Armen ausgeführt. Die Vorderseite des Körpers wird dabei von den Oberschenkeln bis zum Hals gedehnt. Dies ist eine gute Pose für Menschen, die unter Beinschmerzen leiden oder den ganzen Tag auf den Beinen sind.

1 *Knien Sie in der Helden-Pose auf einer gefalteten Decke. Die Oberschenkel berühren sich und Sie sitzen zwischen den Füßen. Die Handflächen liegen auf den Fußsohlen. Drücken Sie die Beine zu Boden und dehnen Sie sich hoch.*

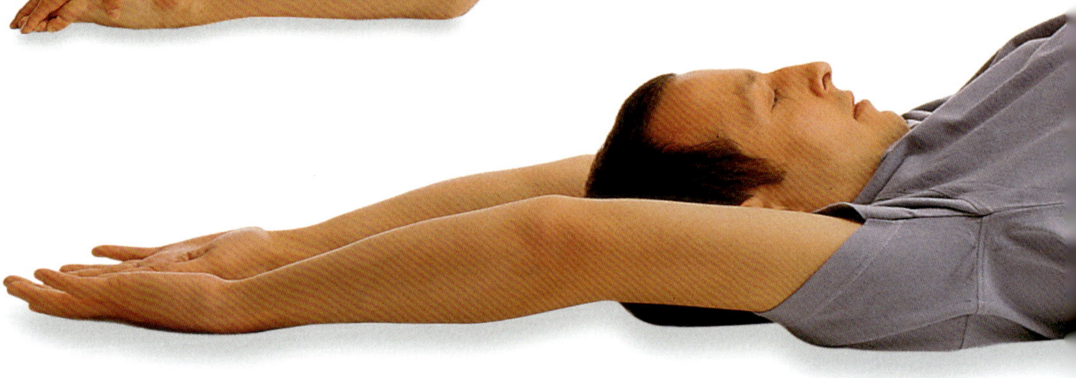

Beinschmerzen lindern

Jede Dehnung wirkt belebend. Oft strecken wir uns, wenn wir müde sind. Diese Pose ist besonders wirkungsvoll, um Schmerzen in den Beinen zu lindern, da sie den Unterkörper – die Oberschenkel, Knie, Knöchel und Füße – sowie den Bauch und den Rumpf dehnt. Sie verbessert den Kreislauf in dem gesamten Bereich und entspannt die Muskeln.

Dehnen Sie die Wirbelsäule vom Becken bis zum Scheitel, drücken Sie die Sitzbeine zu Boden und halten Sie die Hüfte waagerecht, bevor Sie sich zurücklehnen. Das Anheben des Pos und das Hinunterstrecken der Sitzbeine im zweiten Schritt verhindern eine Überbeanspruchung beim Zurücklehnen. Halten Sie die Dehnung die ganze Zeit über aufrecht. Die Oberschenkel sollten sich berühren, die ausgestreckten Arme sollten hinter dem Kopf etwa 30 cm auseinander liegen. Entspannen Sie den Bauch.

Hilfsmittel verwenden

Falls es Ihnen im ersten Schritt von Virasana nicht gelingt, sich auf den Boden zu setzen, legen Sie eine oder zwei gefaltete

Die Helden-Bodenpose analysieren

In diesem Bild sehen Sie die vielen Details, auf die Sie beim Ausführen der Helden-Bodenpose achten müssen.

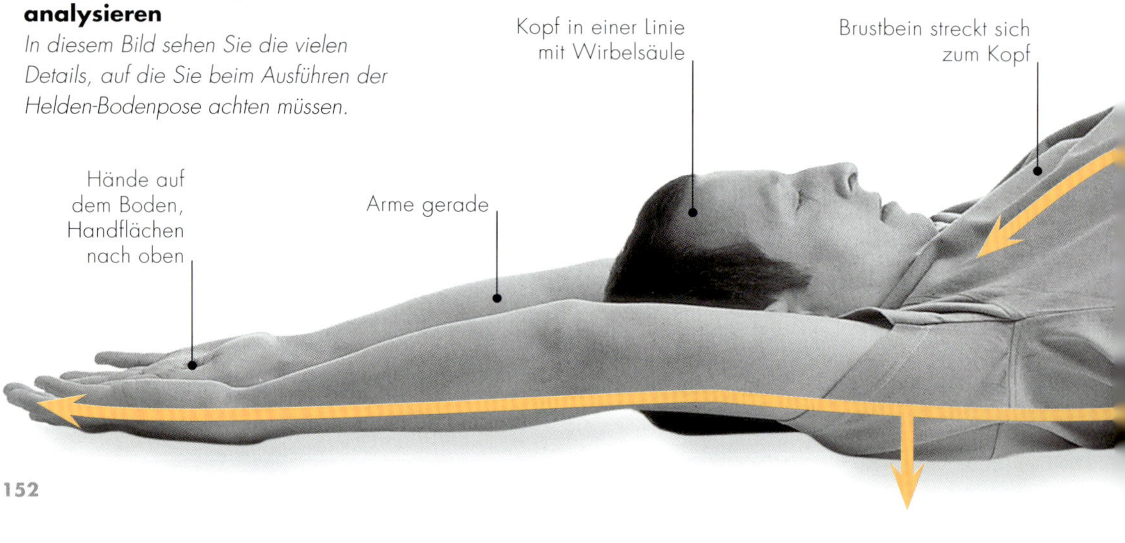

Decken hinter sich, sodass Ihr Rücken beim Zurücklehnen darauf ruhen kann. Wenn Ihre Knie noch zu steif sind, knien Sie sich auf eine Decke. Wenn Ihnen das Zurücklehnen schwerfällt, legen Sie sich erst einmal auf einen Stapel Kissen bzw. auf eine Reihe aus Schaumstoffblöcken, die Sie von der Taille bis zum Kopf stützen.

Hinweise

- Strecken Sie sich von der Leiste bis zu den Fingerspitzen nach oben und von den Sitzbeinen bis zu den Knien nach unten.
- Die Oberschenkel zeigen nach oben. Lassen Sie sie nicht nach innen kippen.

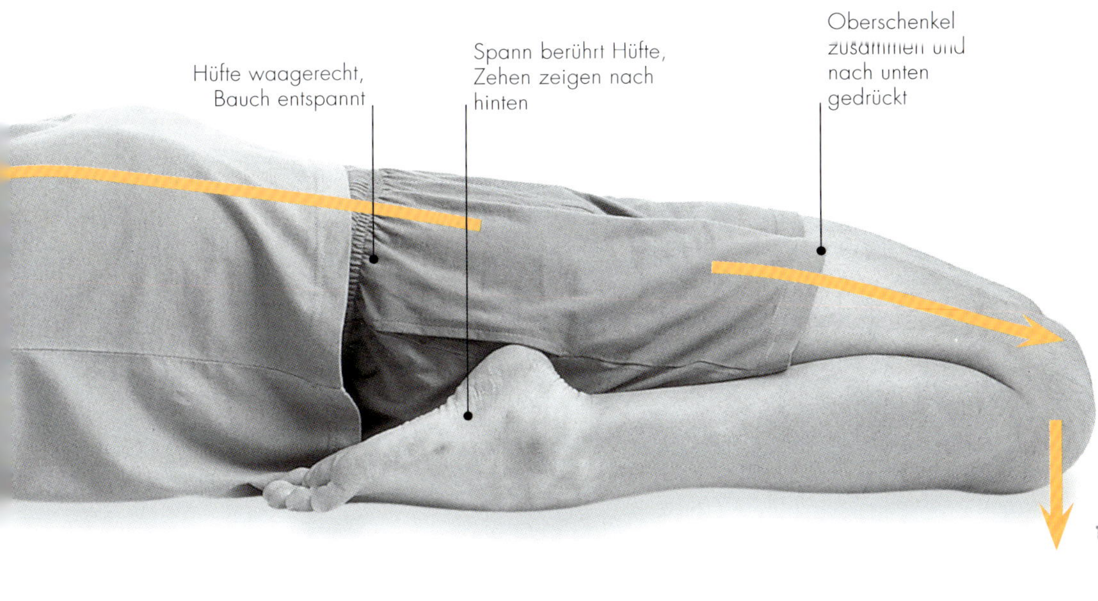

VIERGLIEDRIGE POSEN

Der viergliedrige Stab, **Chaturanga Dandasana**, ist eine kräftigende Übung – die asiatische Variante des Liegestütz. Dabei drückt man sich jedoch nur einmal hoch und hält die Pose dann. Die „ewige Pose", **Anantasana**, lindert als ruhige Pose eine Überbeanspruchung des Rückens und formt die Beckengegend.

Ewige Pose

1 *Liegen Sie auf der linken Seite. Die Beine sind gerade und nach unten gedehnt. Der rechte Arm liegt auf der rechten Seite, die Handfläche ruht auf dem Oberschenkel.*

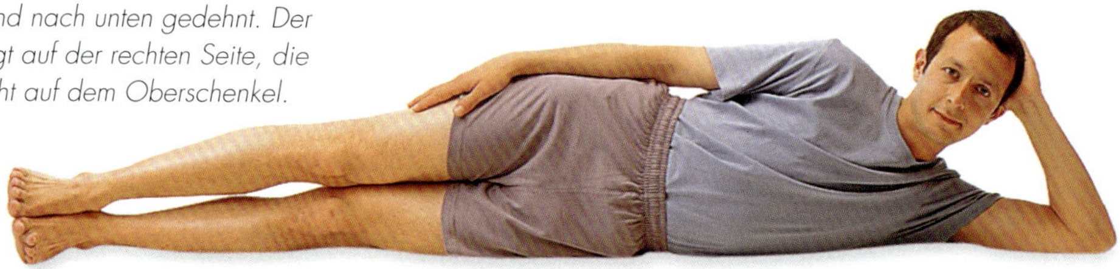

2 *Führen Sie den linken Arm über den Kopf, winkeln Sie den Arm an und lassen Sie den Kopf auf der Hand ruhen. Heben Sie den rechten Fuß und Arm, beugen Sie das Knie und fassen Sie den großen Zeh.*

3 *Strecken Sie das Bein und ziehen Sie es zu sich heran. Halten Sie die Pose bis zu 20 Sekunden.*

Wiederholen und beenden

Beugen Sie das Knie und senken Sie das Bein. Lassen Sie den Zeh los und senken Sie den Arm. Ruhen Sie kurz in Tadasana, bevor Sie die Pose mit dem linken Bein wiederholen.

Viergliedrige Stab-Pose

1 *Liegen Sie auf dem Bauch. Die Beine sind ca. 30 cm weit auseinander, die Fersen sind angehoben. Die Ellbogen sind gebeugt und die Hände liegen neben der Brust auf dem Boden. Spreizen Sie die Finger, drücken Sie die Ellbogen zusammen und dehnen Sie sie zu den Füßen.*

2 *Heben Sie den Kopf, atmen Sie ein, strecken Sie die Beine zu den Fersen und das Brustbein zum Kopf. Drücken Sie Hände und Zehen hinunter, atmen Sie aus und heben Sie Oberschenkel und Rumpf an, bis sie eine Linie mit den Fersen bilden. Halten Sie die Pose bis zu 10 Sekunden. Beim Ausatmen senken Sie den Körper wieder, drehen sich auf den Rücken und liegen mit gebeugten Knien.*

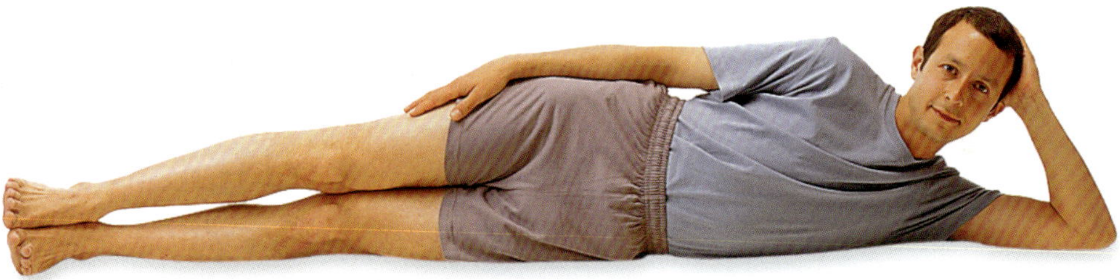

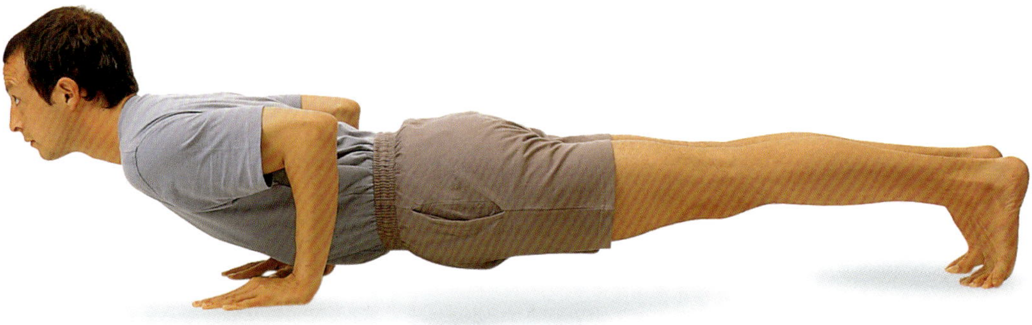

Den Boden nutzen

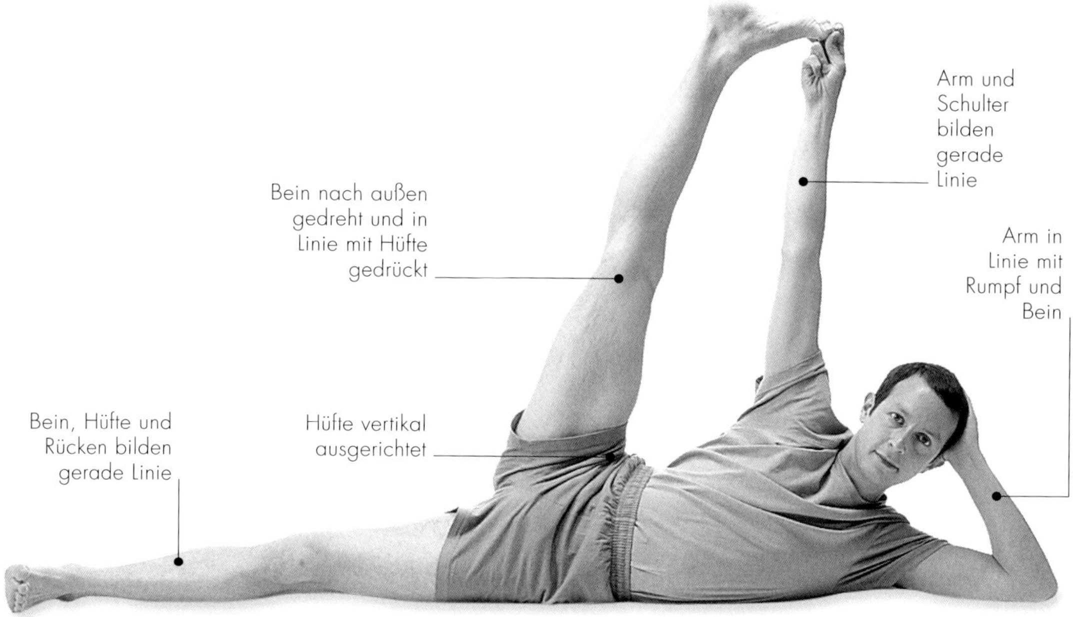

Ewige Pose analysiert

Auf diesem Bild wird Schritt 3 der Pose analysiert. Um sie zu perfektionieren, sollten Sie die korrekte Ausrichtung aller Körperteile im Spiegel prüfen.

Anantasana, der Sanskritname für die ewige Pose auf S. 154, ist der Name der Schlange, deren Windungen das Sofa bildeten, auf dem sich der Hindugott Vishnu niederließ. Es ist eine ausgesprochen erholsame Pose. Die Hauptaufmerksamkeit wird auf die korrekte Ausrichtung des Körpers gerichtet. Achten Sie am Anfang der Pose darauf, das Knöchel, Beine, Rumpf und Schultern eine Linie bilden. Strecken Sie die Sitzbeine zu den Füßen, die Hüftknochen zum Kopf und ziehen Sie das Steißbein ein. Das angehobene Bein sollte eine Linie mit der Hüfte bilden. Falls Ihnen das anfangs schwerfällt, ziehen Sie nicht am Bein. Legen Sie einen Gurt um den Fuß, halten Sie ihn fest und drücken Sie den Fuß dagegen, während Sie das Bein anheben. Lassen Sie den Rumpf während der Pose nicht nach vorne kippen. Schultern und Rumpf sollten vertikal ausgerichtet sein.

Hochdrücken

Die viergliedrige Stab-Pose kräftigt die Handgelenke sowie die Schulter-, Arm- und Bauchmuskeln. Sie müssen die Beine dabei stocksteif halten. Spannen Sie die Oberschenkelmuskeln an und ziehen Sie das Steißbein ein. Drücken Sie Hände und Füße zu Boden und heben Sie den Körper an. Sie können sich sich mit den Füßen auch an einer Wand abstützen. Diese Hilfestellung können Sie auch anwenden, falls es Ihnen schwerfällt, in der ewigen Pose das Gleichgewicht zu halten.

Die viergliedrige Stab-Pose analysieren

Falls Ihnen das Anheben des Körpers in Schritt 2 schwerfällt, achten Sie genau auf jedes Detail. Sie können die Hände anfangs auch auf dicke Bücher legen.

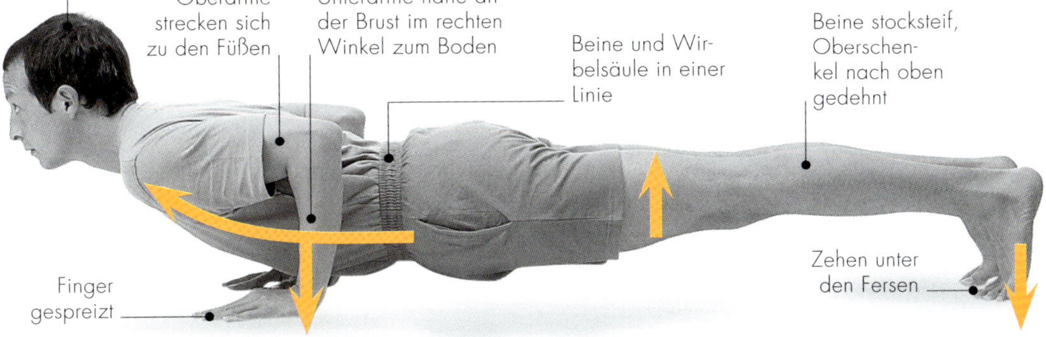

ÜBERKREUZTE DREHUNG

In dieser Pose wird der Schneidersitz, **Sukhasana** , in eine Drehung umgewandelt. Sie sitzen dabei aufrecht, strecken die Wirbelsäule nach oben und drehen sie nach links und rechts. Diese Bewegung macht die Wirbelsäule nicht nur biegsamer, sondern fühlt sich auch sehr angenehm an. Lesen Sie bitte zuerst die Hinweise auf S. 9.

Die Beine kreuzen

Überkreuzen Sie die Beine nicht zu eng, sonst wird die Stellung der Wirbelsäule verändert und Sie könnten sie nicht mehr nach oben dehnen. Zwischen den Waden und der Leiste sollte eine sichtbare Lücke sein.

1 *Sitzen Sie in der Stab-Pose und kreuzen Sie das rechte Bein über das linke. Legen Sie die Hände neben der Hüfte auf die Matte und strecken Sie die Wirbelsäule nach oben.*

An der Pose arbeiten

Sitzen Sie auf einem Schaumstoffblock oder einer mehrfach gefalteten Decke und legen Sie eine weitere hinter sich. Das Hinunterdrücken der Hand hält die Wirbelsäule während der Drehung gerade. Drehen Sie sich so weit wie möglich.

2 *Drehen Sie sich nach rechts, legen Sie die rechte Hand auf das Bein und die linke hinten auf den Boden. Drücken Sie damit nach unten und ziehen Sie mit der linken Hand am Bein, um sich weiterzudrehen. Sehen Sie über die Schulter. 10–15 Sekunden halten.*

Wiederholen und beenden

Wiederholen Sie Schritt 1, kreuzen Sie das linke über das rechte Bein und drehen Sie sich nach links. Ausruhen und wiederholen.

Sitzdrehungen

Viele Rückenprobleme werden durch eine zu abrupte Drehung ausgelöst. Wenn die Muskeln zur Drehung der Wirbelsäule gut trainiert sind, macht ihnen eine solche Bewegung nichts aus. Wenn sie aber untrainiert sind, führt das oft zu Zerrungen oder anderen Problemen. Auf den folgenden Seiten konzentrieren wir uns auf Drehungen, die sanft die vielen Muskeln trainieren, die für das Drehen der Wirbelsäule zuständig sind. Die drei Drehungen in diesem Kapitel werden im Sitzen ausgeführt.

Die Wirbelsäule unterstützen

Eine Drehung ist nur effektiv, wenn der Rücken dabei ganz gerade ist. Es hilft, den Rücken dabei anzuheben. Setzen Sie sich auf einen Schaumstoffblock oder auf eine mehrfach gefaltete Decke. Ziehen Sie beim Hinsetzen die großen Muskeln im Po nach außen. Dann strecken Sie die Wirbelsäule nach oben. Der Rumpf zeigt nach vorne und die Beine werden zu Boden gedrückt. Nehmen Sie beim Drehen Ihre Hände zur Hilfe. Die hintere Hand hält Sie aufrecht und die andere hilft bei der Drehung. Halten Sie die Wirbelsäule immer ganz gerade.

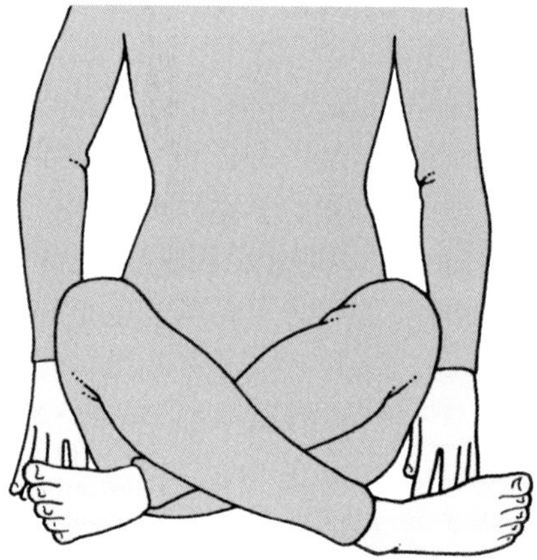

Die Knie positionieren

Beim Überkreuzen der Beine sollten Ihre Knie nah am Boden sein. Falls es Ihnen schwerfällt, kreuzen Sie die Schienbeine und führen Sie die Knie zusammen, bevor Sie sie hinunterdrücken.

Hinweise

- Heben Sie den oberen Teil der Brust an und drücken Sie die Schultern hinunter und zurück.
- Halten Sie die Schultern beim Drehen waagerecht, damit nicht eine Seite der Brust höher ist als die andere.

Die überkreuzte Drehung analysieren

Versuchen Sie, sich bei jedem Üben etwas weiter herumzudrehen. Achten Sie auf alle Details.

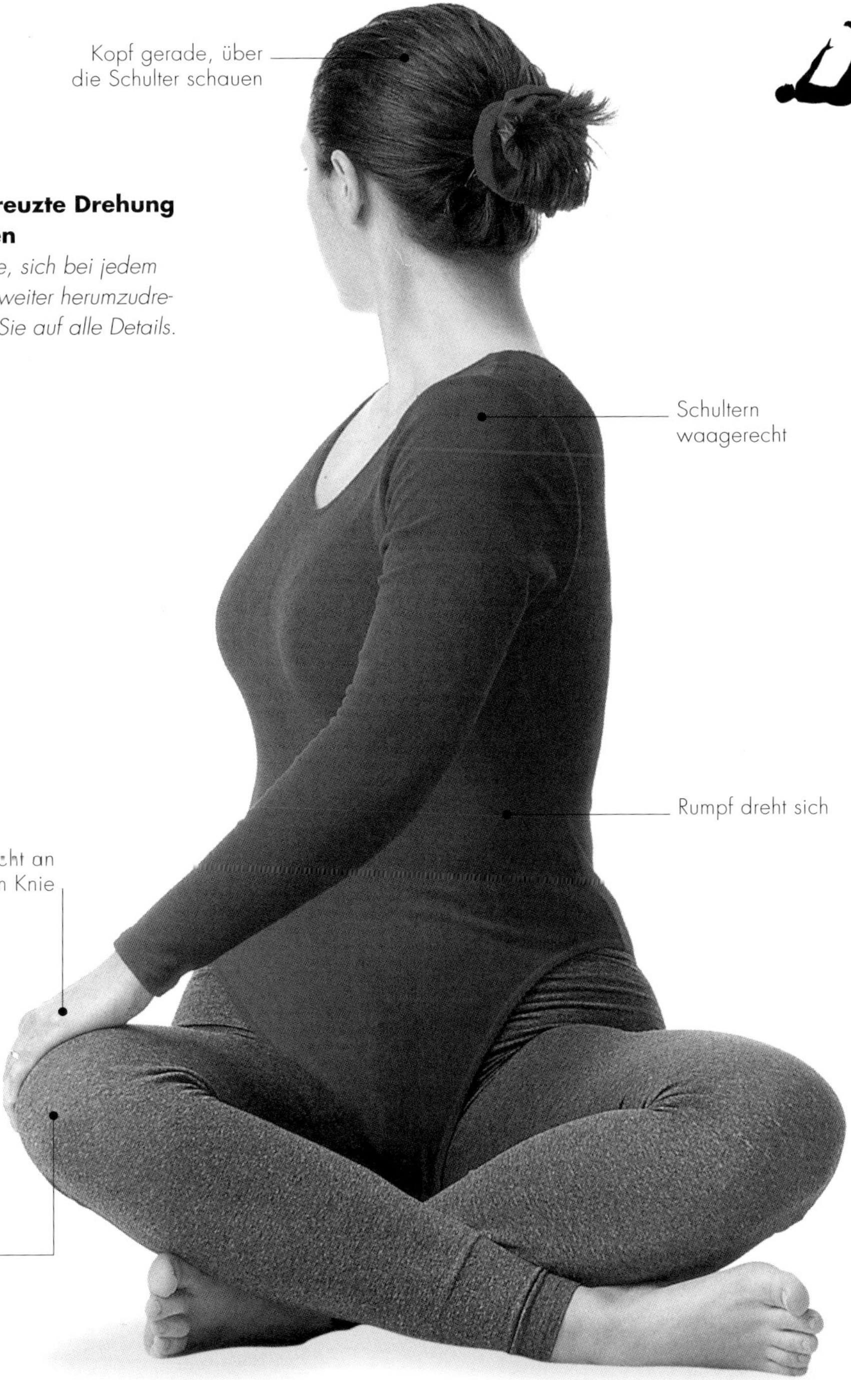

MEERJUNGFRAU I In dieser Pose, **Bharadvajasana I**, sehen Ihre Beine wie der Schwanz einer Meerjungfrau aus. Der Sanskrit-Name gedenkt jedoch dem Krieger Bharadvaja, einer Figur aus dem hinduistischen Epos Mahabharat. Die Wirbelsäule wird gedreht und besonders der untere und mittlere Teil werden trainiert. Jede Steifheit wird vertrieben und Ihr Rücken fühlt sich geschmeidig an.

1 *Sitzen Sie in der Stab-Pose, beugen Sie die Knie und ziehen Sie die Füße zur linken Hüfte. Strecken Sie die Wirbelsäule hoch. Legen Sie die Hände neben die Hüfte.*

2 *Drehen Sie beim Ausatmen den Rumpf aus der Hüfte nach rechts. Legen Sie die linke Hand auf den rechten Oberschenkel und ziehen Sie leicht daran. Drücken Sie die rechte Hand hinter sich zu Boden.*

3 *Atmen Sie aus und schwingen Sie den rechten Arm nach hinten. Greifen Sie den linken Oberarm. Legen Sie die Außenseite der linken Hand kurz über dem Knie auf den rechten Oberschenkel. Schauen Sie über die linke Schulter. Halten Sie die Pose 10–15 Sekunden, atmen Sie dabei normal.*

Wiederholen und beenden

Drehen Sie sich nach vorne, strecken Sie die Beine und sitzen Sie in der Stab-Pose. Wiederholen Sie die Übung nach links.

An der Pose arbeiten

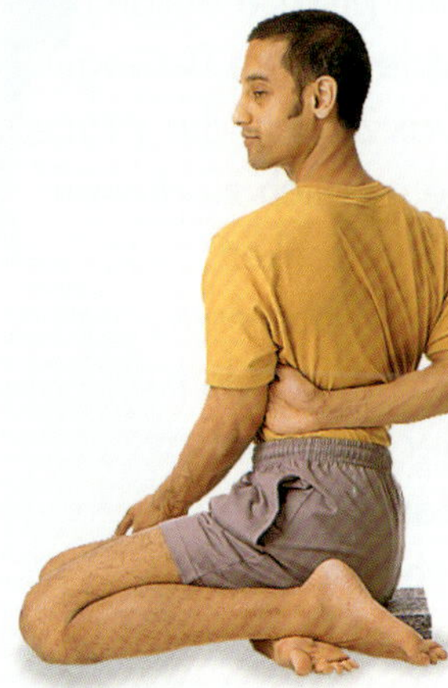

Wenn Sie in Schritt 1 die Füße zur Hüfte führen, liegt Ihr linker Knöchel auf der rechten Fußsohle. Beim Wiederholen der Pose drehen Sie die Positionen um.

WEISEN-POSEN

Diese beiden Drehungen sowie die Stehdrehung auf S. 74 sind einem mythischen Weisen gewidmet: Marichi, dem Großvater des Sonnengottes. Die hier vorgestellten Versionen sind auch für Anfänger geeignet. Sie kräftigen die Bauchmuskeln und verbessern die Beweglichkeit der Rückenmuskeln.

Marichyasana I

1 *Sitzen Sie in der Stab-Pose auf einem Schaumstoffblock (oder einer gefalteten Decke), beugen Sie das linke Knie und ziehen Sie die Ferse an den Po. Umfassen Sie das Schienbein und ziehen Sie den Rumpf heran.*

2 *Drücken Sie die rechte Hand hinten zu Boden und dehnen Sie sich hoch. Beugen Sie den linken Arm und drücken Sie den Ellbogen innen an das Knie. Drücken Sie die linke Hand und das rechte Bein zu Boden und drehen Sie sich nach rechts.*

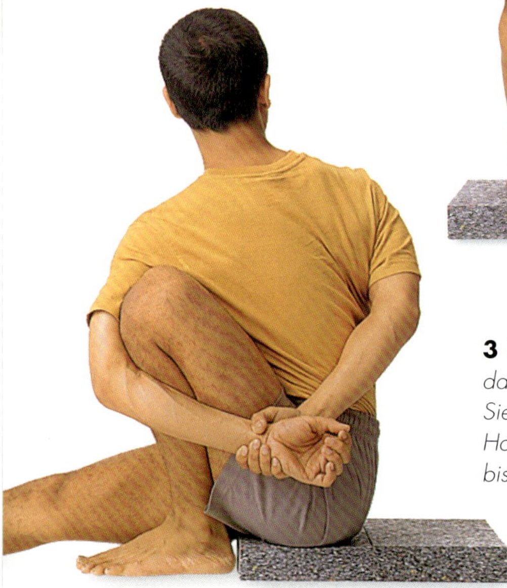

3 *Legen Sie den linken Arm um das rechte Schienbein und greifen Sie mit der rechten Hand das linke Handgelenk. Halten Sie die Pose bis zu 15 Sekunden.*

Wiederholen und beenden

Kehren Sie in die Stab-Pose zurück und wiederholen Sie die Übung mit der anderen Seite.

Marichyasana III

1 *Sitzen Sie in der Stab-Pose, beugen Sie das rechte Knie und ziehen Sie die Ferse zum Po. Umfassen Sie das Knie und ziehen Sie den Rumpf heran. Drücken Sie das linke Bein zu Boden und dehnen Sie sich nach oben.*

2 *Drücken Sie die rechte Hand hinter sich zu Boden und drehen Sie den Rumpf nach rechts. Drücken Sie den linken Ellbogen von außen gegen das Knie, um sich noch weiter nach rechts zu drehen.*

3 *Legen Sie den linken Arm um das Schienbein und greifen Sie das Handgelenk hinten mit der rechten Hand. 15 Sekunden halten.*

Wiederholen und beenden

Kehren Sie zur Stab-Pose zurück und wiederholen Sie Schritt 1-3 mit gebeugtem linken Bein.

BRÜCKE

Der Name dieser Pose, **Sarvangasana Setu Bandha**, beschreibt die Brücke, die Sie mit Ihrem Körper bilden, indem Sie den Rücken anheben und Schultern und Füße als Stützen einsetzen. Es ist eine gute Folgeübung auf einen Schulterstand, da sie den Rücken sehr heilsam dehnt.

1 *Liegen Sie auf dem Rücken, die Füße schulterbreit auseinander, die Arme an den Seiten. Beugen Sie die Knie, ziehen Sie die Fersen zu sich heran und strecken Sie die Sitzbeine zu den Füßen.*

An der Pose arbeiten

Um die Wirbelsäule noch weiter zu dehnen und die Brust zu öffnen, heben Sie die Hüfte höher an, indem Sie sich auf die Zehenspitzen stellen. Während Sie die Dehnung halten, senken Sie die Fersen zu Boden.

2 *Strecken Sie die Arme nach vorne und drücken Sie Arme und Füße zu Boden. Atmen Sie aus und heben Sie Brust, Hüfte und Oberschenkel an. Halten Sie die Pose bis zu 20 Sekunden.*

Beenden und ausruhen

Beim Ausatmen senken Sie den Rumpf wieder, strecken die Sitzbeine zu den Füßen und ruhen sich mit angewinkelten Beinen aus.

Den Rücken beugen

Die Beweglichkeit der Wirbelsäule wird nur erhalten, wenn man sie regelmäßig nach vorne, nach hinten und zu den Seiten beugt. In diesem Teil des Kapitels konzentrieren wir uns auf das Beugen nach hinten im Liegen und Knien. Die Brücke beinhaltet das aktive Anheben des Rückens. Beginnen Sie in Tadasana, beugen Sie die Beine und strecken Sie die Sitzbeine zu den Füßen.

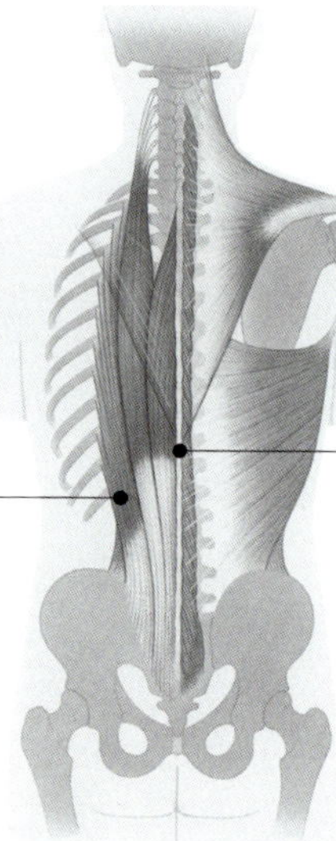

Muskeln zur Bewegung der Wirbelsäule
Die vielen kleinen Muskeln, die an je zwei oder drei Wirbeln befestigt sind, heißen Erector Spinae, da sie die Wirbelsäule auch aufrecht halten.

Eine Brücke bauen

Zum Anheben drücken Sie die Arme kräftig zu Boden und heben die Hüfte. Dabei benutzen Sie die großen Muskeln von Po und Oberschenkeln und die Muskeln zur Bewegung der Wirbelsäule. Während die Hüfte steigt, drücken Sie die Füße zu Boden und dehnen sich von der Rückseite der Oberschenkel aus nach oben. Um mit dem Rücken einen möglichst hohen Bogen über dem Boden zu bilden, heben Sie die Fersen, heben die Hüfte noch höher an und senken die Fersen dann wieder.

Anfangs können Sie den Rücken oft nur wenig anheben und kurz oben halten. Durch regelmäßiges Training kräftigen Sie aber alle Hebemuskeln. Allmählich können Sie eine anspruchsvollere Version der

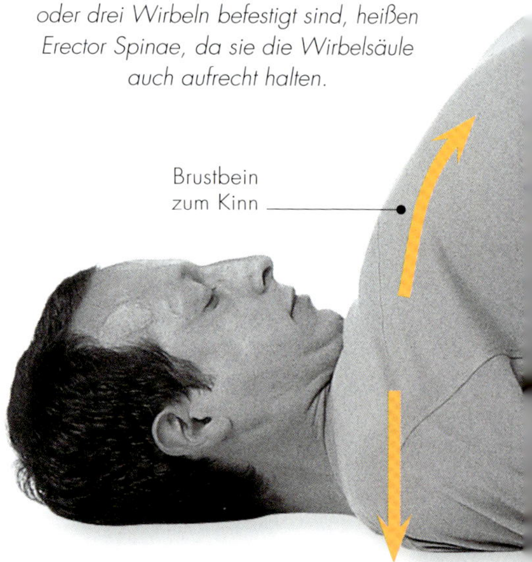

Pose ausführen, indem Sie die Beine und Füße aus dem Schulterstand, Salamba Sarvangasana (siehe S. 186–187), zur Brücke senken.

Hinweise

- Strecken Sie das Brustbein zum Kopf, öffnen Sie die Schultern und drücken Sie zur Verstärkung der Hebung die Schulterblätter an die Rippen.
- Halten Sie Brust, Hüfte und Oberschenkel während der Pose nach oben gestreckt.
- Entspannen Sie Hals und Kinn.

Die Brücken-Pose analysieren

Arbeiten Sie an jedem Detail, um die maximale Hebung zu erreichen.

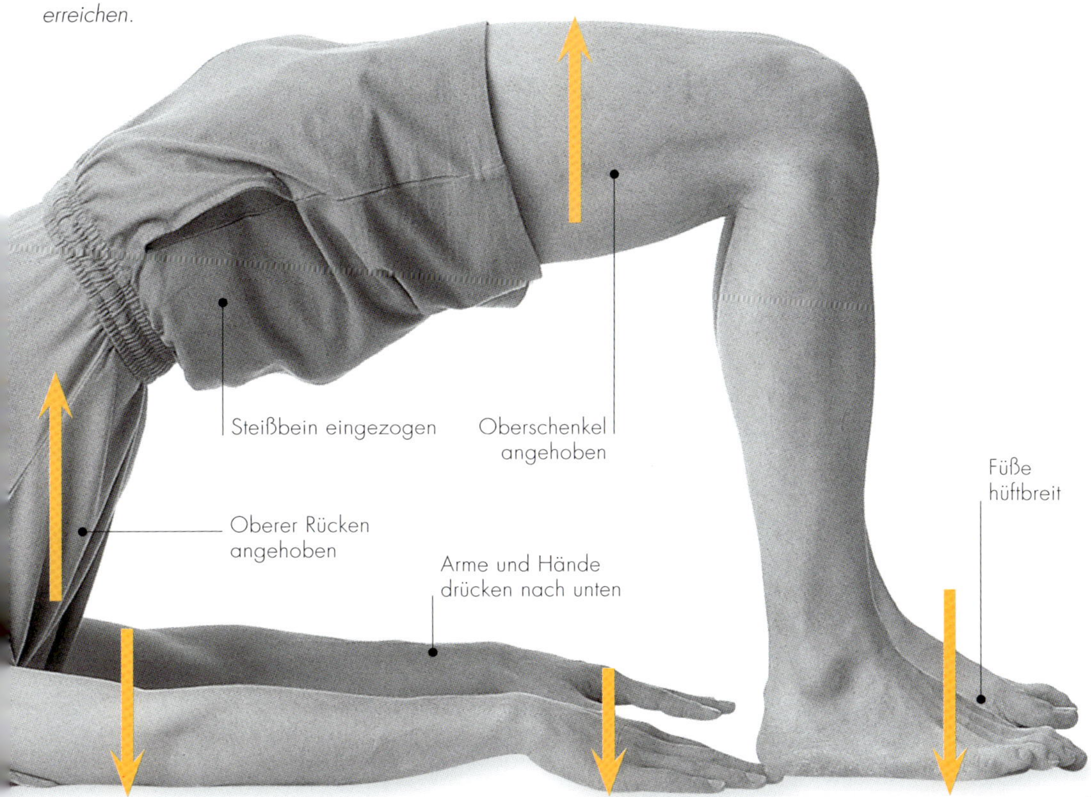

HEUSCHRECKE Der Name dieser Pose ist sehr aussagekräftig: Ihr Körper bildet die Form einer sitzenden Heuschrecke. Die Heuschrecken-Pose, **Salabhasana**, wird zur sanften Kräftigung der Rückenmuskeln vor allem nach Bandscheibenvorfällen empfohlen und lindert Rückenschmerzen. Zum Trainieren der großen Muskeln in Bauch, Po und Oberschenkeln ist sie wirkungsvoller als z. B. Klappmesser.

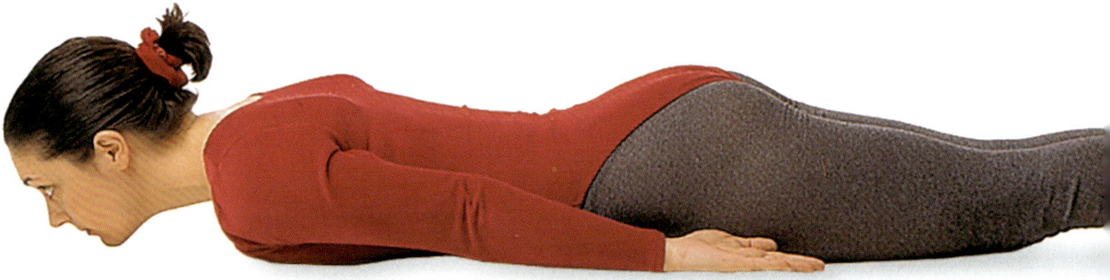

1 *Liegen Sie auf dem Bauch, das Kinn auf der Matte und blicken Sie zu Boden. Die Arme liegen an den Seiten und die Beine sind geschlossen. Beide werden hoch gedehnt.*

2 *Drücken Sie das Becken zu Boden, atmen Sie ein und strecken Sie die Arme und Hände zu den Füßen. Heben Sie Kopf, Rumpf und Oberschenkel so weit wie möglich an. Strecken Sie die Arme und Beine auf Höhe der Schultern nach hinten.*

Beine und Füße

Halten Sie Beine und Füße geschlossen. Die Schienbeine zeigen gerade nach unten. Lassen Sie die Beine nicht zur Seite kippen. Strecken Sie Beine und Füße vom Kopf weg. Wenn Sie anfangs einen Krampf bekommen, halten Sie ein und nehmen Sie die Pose wieder auf, wenn er vorbei ist. Bei untrainierten Muskeln kann das leicht passieren. Im Laufe der Zeit vergehen die Krämpfe.

Beenden und ausruhen

Halten Sie die Pose 10–20 Sekunden. Atmen Sie dabei normal. Dann senken Sie Kopf, Schultern, Arme und Beine und ruhen sich aus.

Den Rücken wölben

Vom Hals bis zum Becken wird jedes Wirbelpaar durch ein Gelenk getrennt, das zu kleinen Bewegungen in der Lage ist. Diese Gelenke arbeiten zusammen, um der Wirbelsäule ihre einzigartige Beweglichkeit zu ermöglichen. Um diese zu erhalten, müssen sie jedoch regelmäßig trainiert werden. An einem normalen Tag beugen wir uns gelegentlich vor, um etwas aufzuheben, drehen uns herum und beugen uns vielleicht zur Seite. Nur sehr selten wölben wir die Wirbelsäule nach hinten.

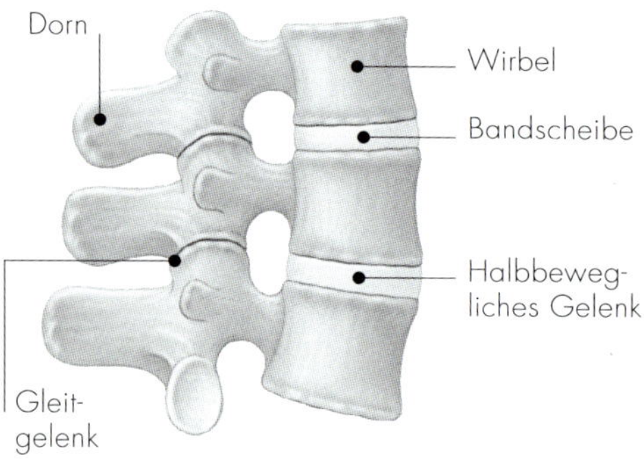

Gelenke der Wirbelsäule

Die Bandscheiben federn die Gelenke zwischen den Wirbeln ab und lassen kleine Bewegungen nach vorne, nach hinten und zu den Seiten zu. Wenn sich die Wirbel bewegen, gleiten ihre Dorne übereinander.

Die Wölbung

In der Heuschrecken-Pose wölben Sie den Rücken nach hinten, während Sie auf dem Bauch liegen. Sie heben Beine und Rumpf von der Matte, sodass Sie auf dem Unterbauch und auf den Hüftknochen balancieren.

Das Wölben der Wirbelsäule macht den unteren Rücken wieder geschmeidig und lindert Schmerzen in diesem Bereich. Das Kräftigen der Rückenmuskeln verhindert Bandscheibenvorfälle. Außerdem wird das Verdauungssystem angeregt, was Magenverstimmungen und -schmerzen lindert. Beim Anheben müssen Sie die

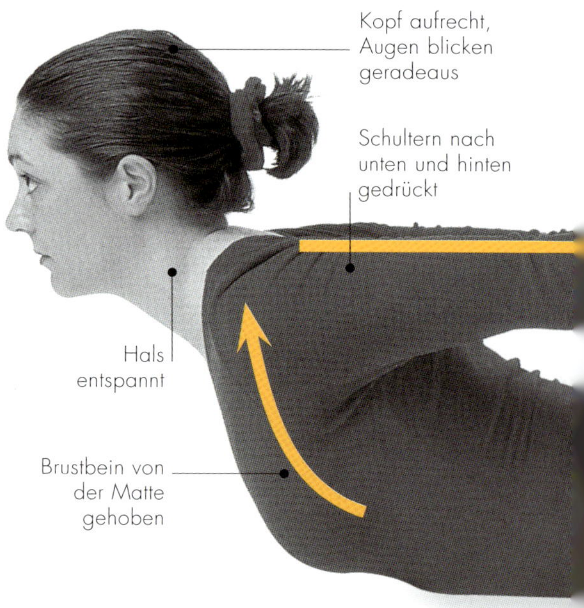

Arme und Beine kräftig vom Kopf weg- und den Rumpf zum Kopf hinstrecken. Das Üben der Pose kräftigt daher die Bauchmuskeln zur Hebung der Vorderseite des Körpers. Je stärker diese Muskeln werden, desto leichter fällt Ihnen die Pose.

Hinweise

- Atmen Sie beim Anheben von Rumpf und Beinen ein und beim Halten normal weiter.
- Strecken Sie die Arme und Beine kräftig nach hinten und halten Sie die Dehnung die ganze Zeit aufrecht.
- Heben Sie das Brustbein so hoch wie möglich, aber legen Sie die Schulterblätter flach an.

Die Heuschrecken-Pose analysieren

Die hier aufgeführten Details helfen Ihnen bei der richtigen Anhebung des Körpers.

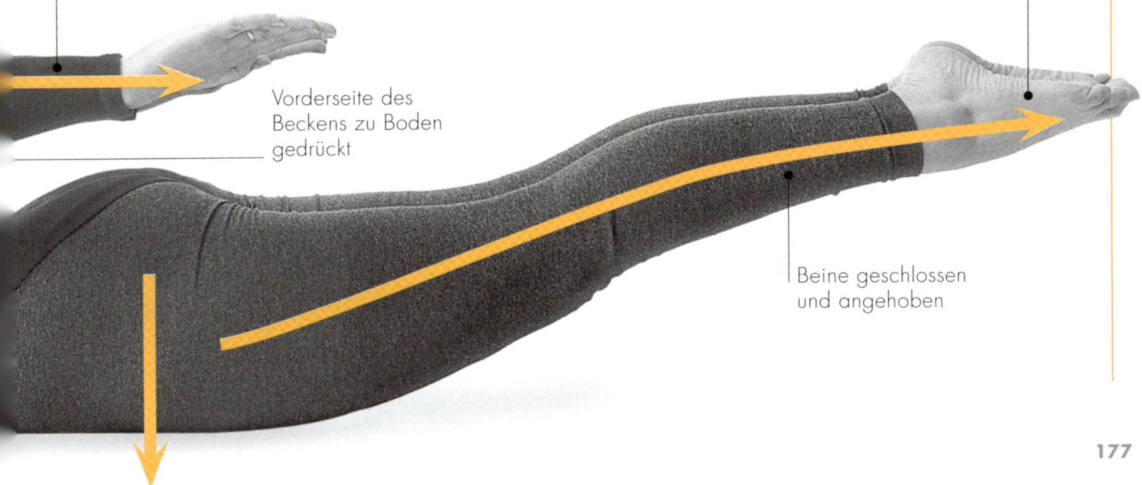

KAMEL **Ustrasana**

, die Kamel-Pose, verstärkt die Rückwärtsdehnung der Wirbelsäule, ist aber selbst bei einem steifen Rücken nicht zu anspruchsvoll. Es ist eine hervorragende Pose zur Korrektur einer schlechten Haltung.

1 *Halten Sie die Knie etwa 30 cm auseinander. Die Hände sind an den Hüften und die Oberschenkel rechtwinklig zur Matte. Drücken Sie Knöchel und Schienbeine hinunter und ziehen Sie das Steißbein ein. Heben Sie Brustbein und Rumpf an.*

Hinter dem Rücken

Wenn Sie Probleme haben, die Hände hinter dem Rücken zu den Füßen zu führen, halten Sie einen Gurt zwischen den Fingern. Lassen Sie ca. 30 cm Platz zwischen den Händen. Ihre Hände sind nun genauso weit auseinander wie die Fersen, d. h. der Gurt leitet Ihre Hände genau zu den Füßen.

2 *Atmen Sie aus, lassen Sie den Kopf nach hinten fallen und legen Sie die Handflächen auf die Fußsohlen. Dehnen Sie sich aus den Oberschenkeln nach oben und heben Sie das Brustbein an. Halten Sie die Pose bis zu 15 Sekunden.*

Beenden und ausruhen

Atmen Sie ein, heben Sie die Hände, den Kopf und den Rumpf, bis Sie wieder aufrecht knien. Sitzen Sie auf den Hacken, mit den Händen auf den Oberschenkeln und entspannen Sie.

Die Pose beenden

In Schritt 2 ist Ihr Rumpf gedehnt und Ihr Kopf nach hinten gekippt. Wenn Sie sich jetzt einfach auf die Fersen fallen lassen, können Sie dabei Hals und Rücken zerren. Beenden Sie die Pose, indem Sie die einzelnen Schritte umkehren, anstatt mittendrin aufzuhören.

Den Rumpf dehnen

Die Kamel-Pose ist mehr als ein Rückbeugen, da sie den ganzen Rumpf dehnt. Während Sie beim ersten Schritt die Beine zu Boden drücken, ziehen Sie das Steißbein ein und strecken die Sitzbeine zu Boden. Sie dehnen den Rumpf aus der Leiste nach oben und heben Hüfte und Brustbein an. Wenn Sie die Hände zu den Füßen führen, dehnen Sie die Schultern nach hinten, sodass die Schulterblätter flach anliegen. Die Dehnung verläuft durch Ihre Arme bis zu den Händen. Halten Sie den Rumpf gerade, damit beide Hände zur gleichen Zeit die Füße erreichen.

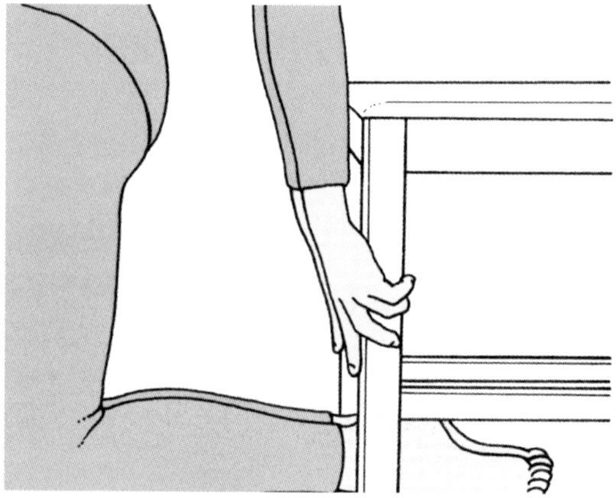

Widerstände überwinden

Zur Gewöhnung an das Rückbeugen stellen Sie einen Stuhl mit der Lehne zur Wand hinter sich. Beugen Sie sich nach hinten und halten Sie die Stuhlbeine fest.

Nach hinten beugen

Manchmal fällt es schwer, den Kopf und den Rumpf nach hinten zu beugen. Anfangs ist es leichter, wenn Sie den Kopf aufrecht halten, bis Sie sich sicher genug fühlen, um ihn jedes Mal ein bisschen weiter nach hinten zu beugen. Alternativ können Sie die Hände auf Bücherstapel legen, bis Sie bereit sind, sich ganz nach hinten zu beugen und die Füße zu fassen. Allmählich werden die Gelenke so beweglich, dass Sie sich zurückbeugen können, bis Sie schließlich die Wand hinter Ihrem Kopf sehen.

Beim Rückbeugen wird die Vorderseite des Körpers über den Rahmen aus Brust und Wirbelsäule gedehnt. Halten Sie die Oberschenkel und den Rumpf die ganze Zeit über nach oben gedehnt, das Brustbein angehoben und die Schulter nach hinten gedrückt.

Hinweise

- Drücken Sie während der gesamten Pose die Schienbeine und Knöchel zu Boden und halten Sie den Körper nach oben gedehnt..
- Schließen Sie den Mund, während Sie den Kopf nach hinten beugen, und atmen Sie normal.
- Lassen Sie die Hüfte nicht zu den Fersen sinken. Halten Sie das Steißbein eingezogen.
- Achtung: Wenn Sie in Schritt 3 Schmerzen spüren, kehren Sie die Schritte um und ruhen Sie sich aus.

Die Kamel-Pose analysieren

Die hier aufgeführten Details helfen Ihnen, die volle Dehnung zu erreichen.

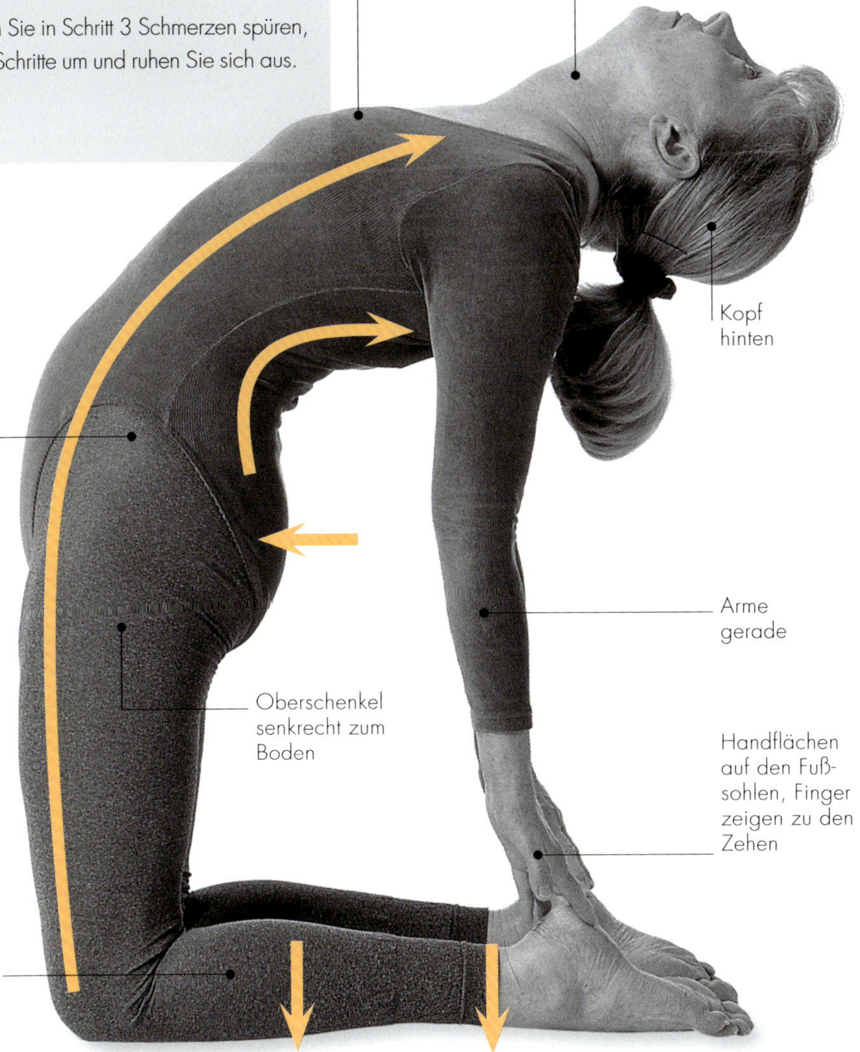

BOGEN In der Bogen-Pose, **Dhanurasana**, dehnen Sie den gesamten Körper nach hinten und umfassen die Knöchel. Ihr Körper bildet einen Geigenbogen, die Arme formen die Saiten. Dies ist eine extreme Dehnung, die im Laufe der Zeit die Beweglichkeit der Wirbelsäule zurückbringt.

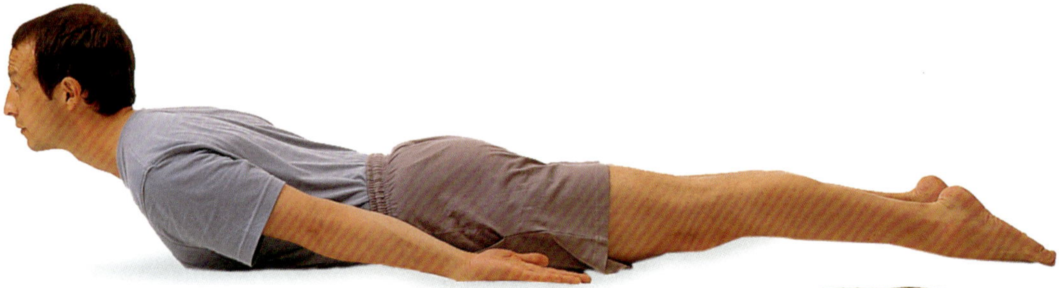

1 *Liegen Sie auf dem Bauch, die Beine leicht gespreizt, die Arme an den Seiten. Heben Sie die Beine etwas an und strecken Sie sie nach hinten.*

2 *Beugen Sie die Knie, halten Sie die Oberschenkel nach hinten gedehnt und drücken Sie das Steißbein hinunter. Heben Sie beide Arme und ergreifen Sie Ihre Knöchel. Beim Ausatmen ziehen Sie an den Knöcheln und heben Brust und Oberschenkel an.*

3 *Heben Sie den Kopf etwas weiter, schauen Sie geradeaus und heben Sie auch die Schienbeine noch weiter. Atmen Sie normal und halten Sie die Pose bis zu 10 Sekunden.*

Beenden und ausruhen

Atmen Sie aus, lassen Sie die Knöchel los, senken Sie Beine und Rumpf und ruhen Sie sich aus.

Am Schulterstand arbeiten

Diese drei Posen sind relativ anspruchsvoll und sollten nur geübt werden, wenn Sie Schulterstand und Pflug sicher beherrschen. Denken Sie daran, dass es Balance-Übungen sind. Da es sich um Umkehrposen handelt, sollten Sie zuerst üben, wie man den Körper wieder senkt. Die beste Möglichkeit zum Erlernen des einbeinigen Schulterstands ist ein Bein auf einen Stuhl zu senken. Wenn Sie sicherer werden, können Sie das Bein weiter senken, z. B. auf Schaumstoffblöcke, bis Sie schließlich den Boden erreichen. Stützen Sie die ganze Zeit über den Rücken mit Ihren Händen.

Die Ausrichtung

Bei Eka Pada Sarvangasana muss das nach oben gestreckte Bein geradeaus zeigen, bei Parsvaika Pada Sarvangasana, der diagonalen Beindehnung, drehen Sie das Bein aus der Hüfte, bevor Sie es senken. Bei beiden Posen müssen Sie die Beine stocksteif halten, während Sie sie senken. Außerdem muss die Hüfte waagerecht sein. Heben Sie die rechte Hüfte an, wenn Sie das rechte Bein senken und umgekehrt. Denken Sie daran, die Beine beim Ausatmen zu heben und zu senken.

Supta Konasana verbindet eine gegrätschte Dehnung mit der Pflug-Pose. Wie bei allen Umkehrposen werden Rumpf und Hüfte über die Schultern gehoben, um den ganzen Körper zu dehnen. Supta Konasana ist eine extreme Dehnung. Sobald Sie diese jedoch beherrschen, wird sie wie jede Übung in diesem Teil zu einer beruhigenden, entspannenden Pose.

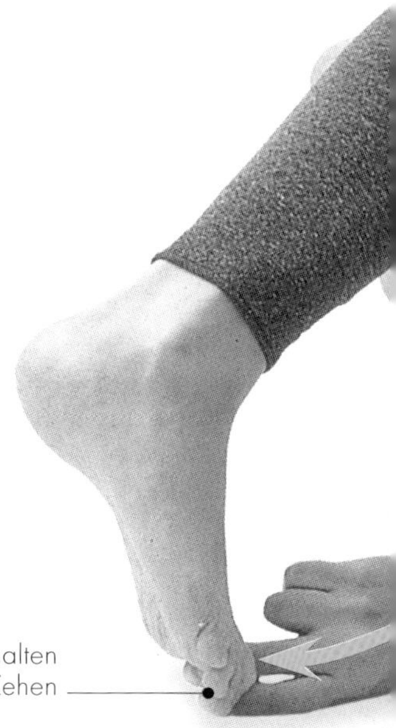

Supta Konasana analysieren

Diese Bild analysiert die gegrätschte Pflug-Pose auf S. 191. Die meisten Details sind jedoch für alle Varianten des Schulterstands wichtig.

SCHULTERÜBUNGEN Die meisten Menschen führen heutzutage ein Leben im Sitzen, das häufig zu runden Schultern führt. Dieses Kapitel endet mit zwei Übungen, der Greifübung, **Gomukhasana**, und der Armdrehung, **Garudasana**. Diese dehnen die Schultern, Arme und Hände und öffnen die Brust.

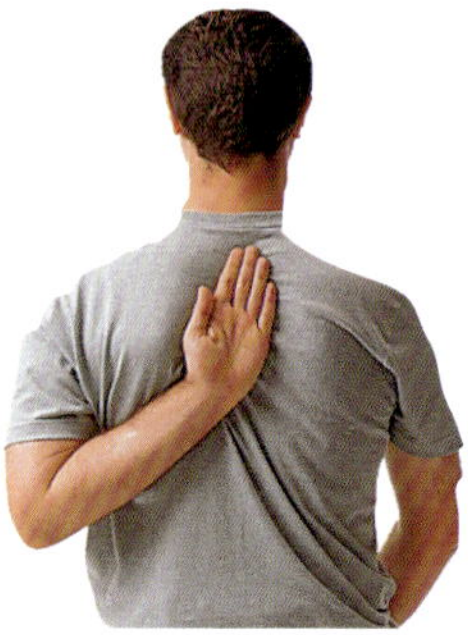

Greifübung

1 *Atmen Sie ein und biegen Sie den linken Arm hinter dem Rücken nach oben. Führen Sie den Unterarm so nah Sie können an die Wirbelsäule. Die Rückseite Ihrer Finger berührt diese so weit oben wie möglich.*

2 *Halten Sie den linken Handrücken an der Wirbelsäule, heben Sie den rechten Arm über den Kopf, drehen Sie ihn, bis die Handfläche nach hinten zeigt, und beugen Sie ihn nach hinten zur linken Hand.*

3 *Dehnen Sie den linken Ellbogen nach unten, um die linke Hand höher zu heben und den rechten Ellbogen nach oben, um die rechte Hand weiter zu senken. Verschränken Sie die Hände und halten Sie die Pose 20 Sekunden.*

Wiederholen und beenden

Lassen Sie die Hände los und senken Sie beide Arme zu den Seiten. Dann wiederholen Sie die Übung mit umgekehrten Armen.

Armdrehung

1 *Atmen Sie ein, strecken Sie beide Arme zur Seite und schwingen Sie diese beim Ausatmen nach vorne, als wollten Sie sich selbst umarmen. Kreuzen Sie dabei den rechten Oberarm in Brusthöhe über den linken.*

Die Hände verdrehen

Ihre Handflächen und Daumen berühren sich, während Sie in Schritt 3 die Ellbogen heben. Falls sich Ihre Handflächen nicht berühren sollten, wiederholen Sie Schritt 1 und 2. Schwingen Sie die Arme schneller nach vorne und umarmen Sie sich enger, damit sich Ihre Arme höher kreuzen.

2 *Beugen Sie beide Arme und legen Sie die Handrücken aneinander. Ziehen Sie die linke Hand leicht heran und schieben Sie die rechte leicht weg. Führen Sie die Hände zusammen, bis sich die Handflächen berühren.*

3 *Heben Sie die Hände auf Schulterhöhe, aber lassen Sie die Schultern dabei unten. Schieben Sie die Ellbogen etwas von der Brust weg. Etwa 20 Sekunden halten.*

Wiederholen und beenden

Lassen Sie die Hände los und wiederholen Sie die Übung mit dem linken Arm über dem rechten.

Die Schultern mobilisieren

Viele Menschen verbringen viele Stunden pro Tag damit, am Schreibtisch zu sitzen, im Bus zu lesen oder vor dem Fernseher zu hocken. Sie bemerken meist gar nicht, wie gekrümmt ihre Schultern bereits sind. Machen Sie diese Übungen hin und wieder, um die Schultern, Arme und Hände zu dehnen. Wie Namaste auf S. 94 ein wichtiger Teil der seitlichen Dehnung ist, so können die Schulterübungen Parsvottanasana Teil einer Pose sein oder alleine ausgeführt werden. Stehen Sie in Tadasana (siehe S. 42–43), sitzen Sie im Schneidersitz (Sukhasana, S. 38) oder knien Sie in der Helden-Pose (Virasana, S. 107). Konzentrieren Sie sich am Anfang einen Moment darauf, die Wirbelsäule hoch zu strecken, die obere Brust zu dehnen, die Schultern zu verbreitern und die Schulterblätter anzulegen.

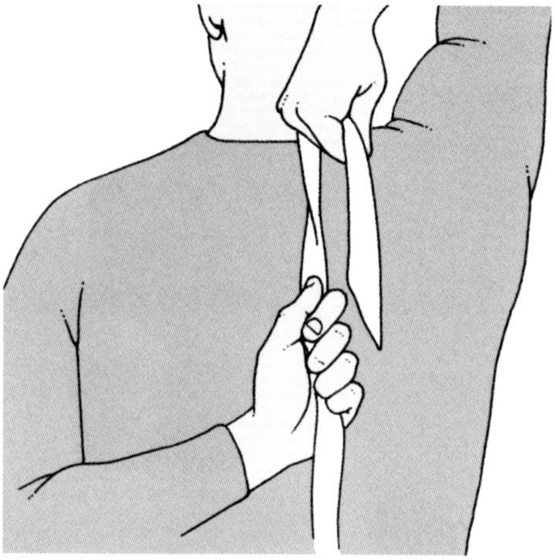

Die Hände zusammenführen

Bei steifen Schultern wird es Ihnen vermutlich schwerfallen, den Arm nah genug an die Wirbelsäule zu führen, sodass sich Ihre Finger berühren. Halten Sie einen Gurt in den Händen und wandern Sie mit den Finger langsam daran herunter.

Greifübung

Diese Übung, Gomukhasana, zieht die Schultern nach hinten und dehnt die Oberarme. Der Schlüssel zu dieser Pose ist die Führung des nach oben gestreckten Arms so weit wie möglich an die Wirbelsäule. Das Ziel ist die Hände hinter dem Rücken zu verschränken. Dafür muss die untere Hand so weit wie möglich nach oben zwischen die Schulterblätter gestreckt werden. Auch der nach unten gestreckte Arm muss korrekt ausgerichtet sein. Halten Sie ihn nach hinten gedrückt, während Sie ihn im zweiten Schritt nach oben dehnen. Wenn Sie ihn so weit gedreht haben, dass die Handfläche nach hinten zeigt, müssen Sie den Oberarm ruhig halten, während Sie den Unterarm hinunterbeugen.

Armdrehung

In einigen Yoga-Kursen wird Anfängern gelehrt, dass sie am Anfang der Armdrehung einfach die Oberarme überkreuzen sollen. Diese anmutige Pose wird jedoch gerade für Anfänger viel einfacher, wenn Sie damit anfangen, sich selbst quasi zu umarmen, da Sie auf diese Weise die Arme viel weiter oben kreuzen können.

Wenn Sie nach dem Überkreuzen in Schritt zwei die Handflächen zusammenlegen, sehen Sie Ihre Daumen vor Ihrer Nase. Halten Sie die Hände auf dieser Höhe, aber schieben Sie sie etwas nach hinten und halten Sie dabei die Schultern unten. Das verstärkt die Dehnung in den Oberarmen.

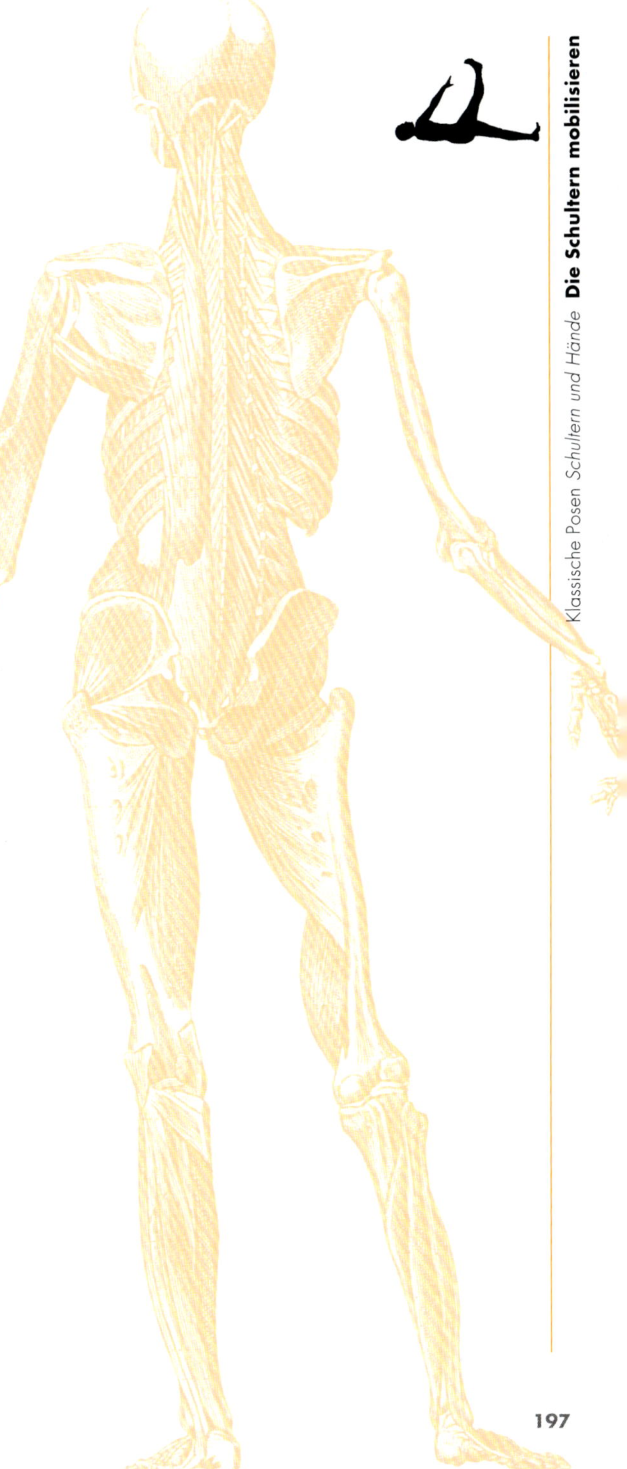

HANDÜBUNGEN

Die häufigsten Bewegungen unserer Hände sind das Öffnen und das Schließen. Diese Übung dehnt sie, trainiert die Gelenke und macht sie beweglicher. Sie verbessert die Durchblutung und soll wirksam im Vorbeugen und Behandeln von Entzündungen durch ständig wiederkehrende Bewegungen sowie von leichter Arthritis sein.

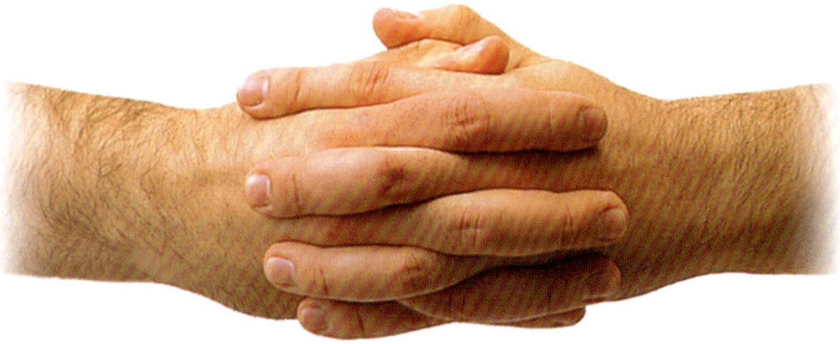

Finger verschränken

1 *Verschränken Sie die Finger vor dem Körper so, dass der rechte Daumen oben liegt.*

2 *Drehen Sie die Handflächen nach außen und strecken Sie die Arme nach vorne.*

3 *Halten Sie die Finger verschränkt. Strecken Sie die Arme nach oben und leicht nach hinten, sodass die Oberarme die Ohren berühren.*

Wiederholen und ausruhen

Wiederholen Sie Schritt 1 und 2, aber mit dem linken Daumen oben.

Fingerdrehung

1 *Halten Sie die Hände mit den Handflächen nach unten parallel zur Brust. Die Spitzen der Mittelfinger berühren sich gerade eben. Drehen Sie die linke Hand nach oben. Strecken Sie den kleinen Finger und den Zeigefinger jeder Hand nach außen. Biegen Sie die zwei mittleren Finger der linken Hand nach oben und die der rechten nach unten. Führen Sie die Hände zusammen. Lassen Sie den rechten kleinen Finger über den linken Zeigefinger gleiten und den rechten Zeigefinger über den linken kleinen Finger.*

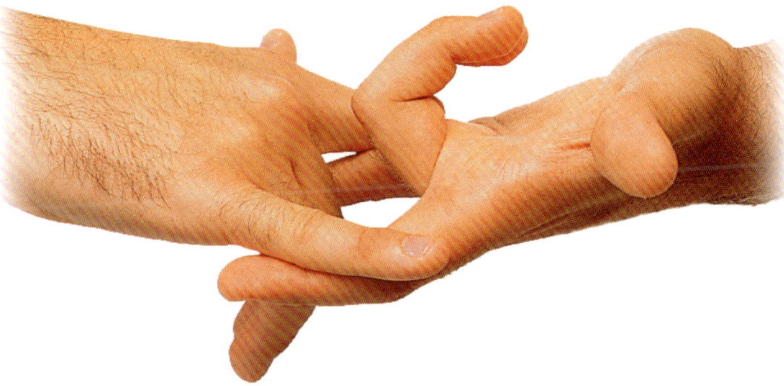

2 *Drehen Sie die linke Hand zu sich hin und strecken Sie die beiden mittleren Finger der linken Hand aus, sodass sie über dem Knöchel des rechten Zeigefingers liegen. Heben Sie den Daumen und drücken Sie ihn auf die Spitzen der mittleren Finger. Öffnen Sie die Handflächen.*

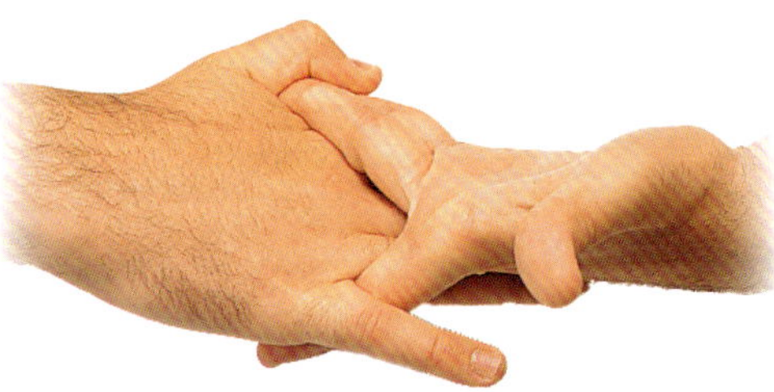

3 *Strecken Sie die beiden mittleren Finger der rechten Hand und dehnen Sie sie von sich weg. Stecken Sie den Daumen unter die Fingerspitzen. Dafür müssen Sie die Lücke zwischen den Händen vergrößern. Halten Sie die Hände hoch. Wenn Sie die Fingerdrehung richtig ausgeführt haben, sollten Sie durch die Lücken zwischen den Zeige- und Mittelfingern hindurch sehen können.*

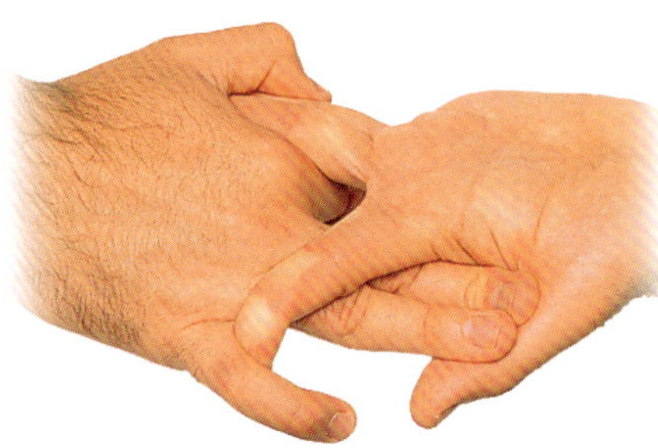

Die Hände bewegen

Wir benutzen unsere einzigartigen Hände ständig, aber wir trainieren sie nur selten. Wir ziehen Muskeln zusammen und entspannen sie, um etwas aufzuheben oder wegzulegen. Nur wenige tägliche Bewegungen beinhalten das Dehnen der Hände, Finger und Handgelenke. Wie jeder Teil des Skeletts bestehen auch die Hände aus Gelenken und Muskeln, die trainiert werden müssen, um beweglich zu bleiben. Wenn Sie sich an der Hand verletzen, müssen Sie die Beweglichkeit wiederherstellen. Hand- und Handgelenksübungen können die Auswirkungen von Gelenkserkrankungen wie Arthritis mindern und sie vielleicht verhindern.

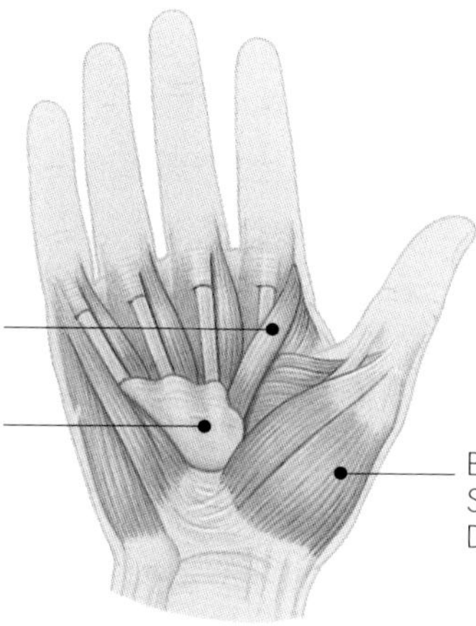

Handmuskeln

Mehr als 40 Muskeln, manche von ihnen winzig, bewegen Finger, Daumen und Handgelenk und machen die Hand zu einem einzigartigen Werkzeug.

Handbeuger

Viele Yoga-Posen beziehen Handübungen mit ein. So formen die Hände z. B. bei der seitlichen Dehnung (siehe S. 94–97) die Gebets-Pose (Namaste) hinter dem Rücken. Diese Bewegung dehnt die Handflächen und Finger und bewegt die Handgelenke, wenn Sie die Hände nach innen drehen. Auch die Schulterübungen dehnen die Hände. Sie können die Übungen jederzeit machen, wenn Sie etwas Zeit haben.

Fingerdrehung

Wenn Ihnen diese Übung leichtfällt, können Sie die Hände enger zusammenführen, sodass Sie weniger Platz für die Bewegungen haben. Es ist eine gute Übung bei kaltem Wetter, da sie die Durchblutung in den Fingern fördert.

Bewegliche Finger

Das Verschränken der Finger kann im Stehen oder Knien geübt werden. Oft ist es jedoch ein wichtiger Teil von Sukhasana, der Schneidersitz-Pose auf S. 38. Anstatt die Hände auf die Knie zu legen, verschränken Sie die Finger, atmen ein und strecken die Arme erst nach vorne und dann nach oben. Vernachlässigen Sie das Hochdehnen in Sukhasana nicht und achten Sie auf alle Details.

IHR EIGENES PROGRAMM

In diesem letzten Kapitel lernen Sie, Ihr eigenes Yoga-Programm aufzustellen, basierend auf den 50 klassischen Posen, die in diesem Buch Schritt für Schritt beschrieben wurden. Auf den nächsten Seiten finden Sie einige Richtlinien zur vernünftigen Zusammenstellung eines individuell auf Sie zugeschnittenen Programms. - Anschließend lernen Sie drei kurze Beispielprogramme kennen. Versuchen Sie das erste Programm, wenn Sie bereit sind, von den Anfängerübungen zu den etwas fortgeschrittenen Posen mit einem höheren Schwierigkeitsgrad überzugehen (s. S. 206 für den Symbol-Schlüssel). Das zweite Programm ist noch schwieriger. Das Kapitel endet mit einem kurzen Programm, das Sie durchgehen können, wenn Sie müde oder gestresst sind.

Ihr Yoga-Programm

Das wichtigste Prinzip beim Yoga ist, dass Sie nur in Ihrer eigenen Geschwindigkeit fortschreiten sollten. Fangen Sie mit den Anfängerübungen in Kapitel drei an und konzentrieren Sie sich auf jedes Detail. Machen Sie sich keine Gedanken, wenn Sie zur Beherrschung der Posen Wochen brauchen.

Das Repertoire erweitern

Bald werden Sie Ihrem Programm neue Posen hinzufügen wollen. Dieses Buch ist so ausgerichtet, dass Sie Ihre Fortschritte nach Wunsch gestalten können. Die Posen in Kapitel vier sind in Gruppen zusammengefasst: Stehposen, Sitzposen, Bodenposen usw. Jede Übung wird gemäß ihrer Schwierigkeit bewertet. Anfänger beginnen normalerweise mit den Stehposen, Sie können aber auch eine Sitz- oder Bodenpose ausprobieren, z. B. die Hunde-Pose auf S. 130–131 oder die überkreuzte Drehung im Sitzen auf S. 158–159.

Es gibt beim Yoga nur wenige Regeln, da jeder Körper verschieden ist. Sind Sie bereits sehr beweglich, können Sie mit schwierigeren Posen beginnen. Meist ist es jedoch ratsam, erst einmal eine einfache Pose zu versuchen.

Ruhezeit

Zwischen den Posen brauchen Muskeln und Gelenke Zeit, sich zu erholen. Die Atmung muss sich normalisieren und der Geist muss sich wieder nach innen richten. Nach einer Stehpose kehren Sie daher z. B. in Tadasana (siehe S. 42–43) und nach einer Sitzpose in Dandasana (s. S. 106) zurück. Ruhen Sie sich nach einer Bodenpose auf dem Rücken liegend mit zur Brust gezogenen Knien aus. Sitzen Sie nach einer Rückbeuge auf Ihren Fersen und entspannen Sie sich nach einem Schulterstand mit angewinkelten Beinen.

Stellen Sie sich ein abwechslungsreiches Programm zusammen, das Ihre Lieblingsposen enthält – schließlich soll Yoga Spaß machen. Fangen Sie mit Stehposen an, da sie den Kreislauf anregen und die Muskeln kräftigen. Lassen Sie darauf beruhigende Sitz- oder Bodenposen folgen, welche die Muskeln und Gelenke dehnen. Danach trainieren Sie die Wirbelsäule mit einer Sitzdrehung, gefolgt von einer Rückbeuge. Machen Sie neue oder wenig geübte Posen zum Schluss und beenden Sie Ihr Programm mit dem Pflug oder einem Schulterstand. Zuletzt entspannen Sie sich in der Leichenstellung, um Körper und Geist zu beruhigen.

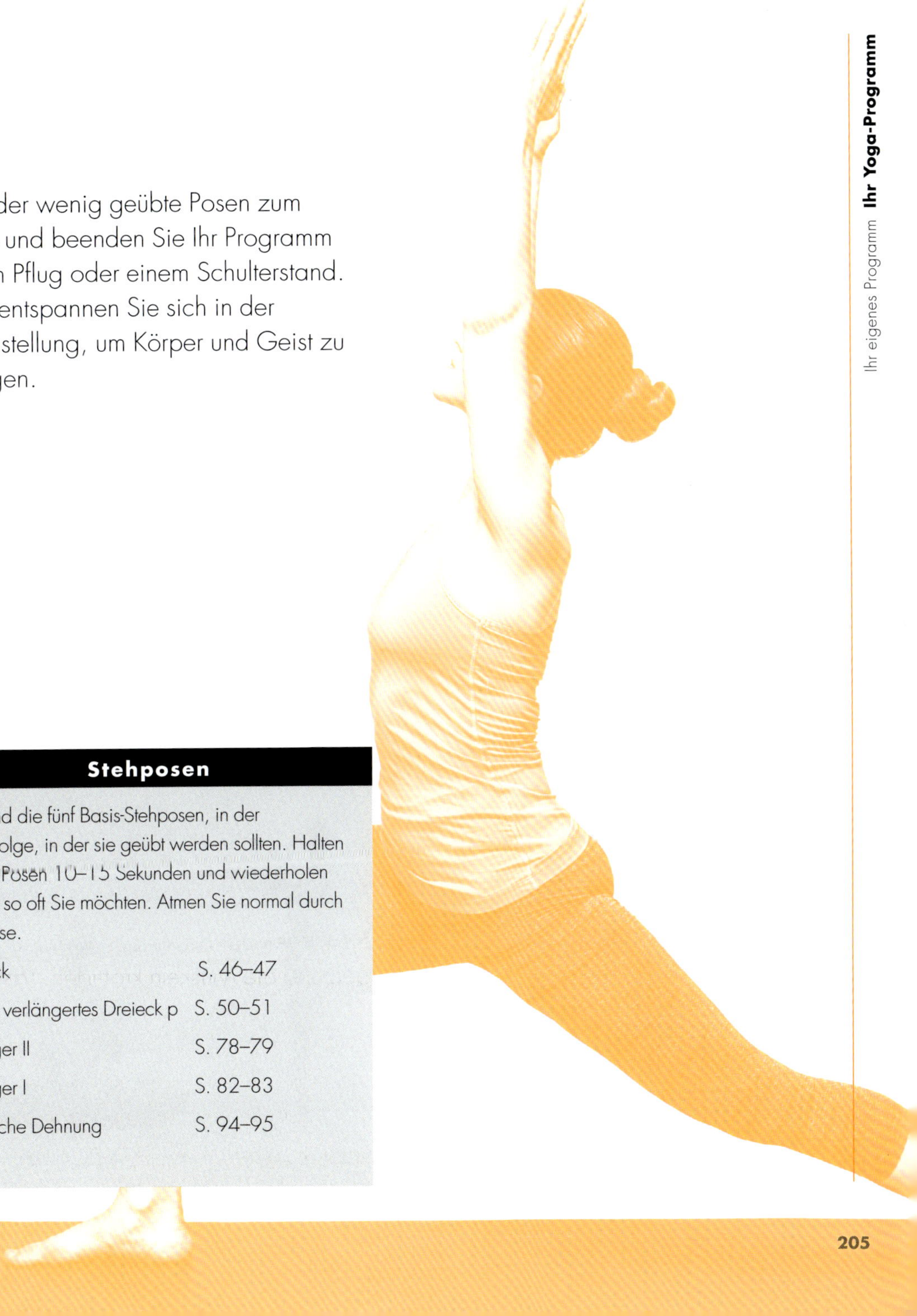

Stehposen

Dies sind die fünf Basis-Stehposen, in der Reihenfolge, in der sie geübt werden sollten. Halten Sie die Posen 10–15 Sekunden und wiederholen Sie sie, so oft Sie möchten. Atmen Sie normal durch die Nase.

1 Dreick	S. 46–47
2 Seitl. verlängertes Dreieck p	S. 50–51
3 Krieger II	S. 78–79
4 Krieger I	S. 82–83
5 Seitliche Dehnung	S. 94–95

PROGRAMM DER 2. STUFE

Auf den folgenden Seiten finden Sie ein Programm, das aus Posen des 2. Schwierigkeitsgrades besteht. Um die Posen zu meistern, brauchen Sie ein gewisses Maß an Beweglichkeit, besonders in der Hüfte. Wenn Sie seit drei oder vier Monaten trainieren, sollte das kein Problem sein. Sie können aber jederzeit zu Hilfsmitteln (z. B. gefaltete Decken) greifen. Das Programm sollte ungefähr eine Stunde dauern, trainieren Sie aber mindestens einmal pro Woche in Ihrem eigenen Tempo.

Schwierigkeitsgrad

Innerhalb jeder Kategorie werden die Posen je nach Schwierigkeit eingeteilt. Jede hat ihr eigenes Symbol.

ANFÄNGER für komplette Anfänger

FORTGESCHRITTENE 1 – leicht fortgeschritten: Sie haben Kapitel 3 mindestens einmal durchgearbeitet

FORTGESCHRITTENE 2 – weiter fortgeschritten: Posen für sehr Bewegliche

1 Schneidersitz
Sukhasana mit Parvatasana,
S. 38 und 201

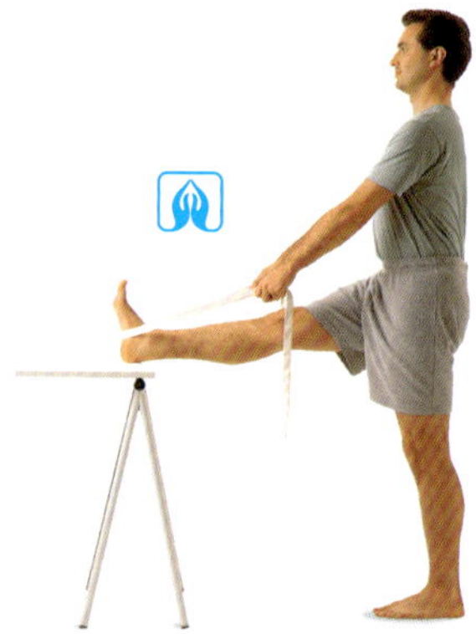

2 Verlängerte Beindehnung I
Utthita Hasta Padangusthasana,
S. 70

3 Verlängerte Beindehnung II
Utthita Hasta Padangusthasana II,
S. 71

4 Schuster
Baddha Konasana,
S. 110

5 Beindehnung am Boden I
Supta Padangusthasana I,
S. 146–147

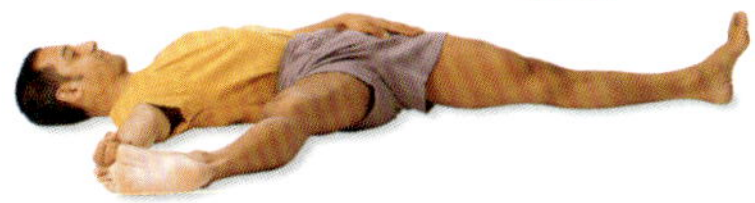

6 Beindehnung am Boden II
Supta Padangusthasana II,
S. 147

7 Dehnung mit gegrätschten Beinen
Upavistha Konasana,
S. 111

8 Kopf-zum-Knie-Pose
Janu Sirsasana,
S. 114–115

9 Dreigliedrige Pose
Triang Mukhaikapada Paschimottanasana,
S. 118–119

10 Klammer-Pose
Paschimottanasana,
S. 122–123

11 Meerjungfrau I
Bharadvajasana I,
S. 162–163

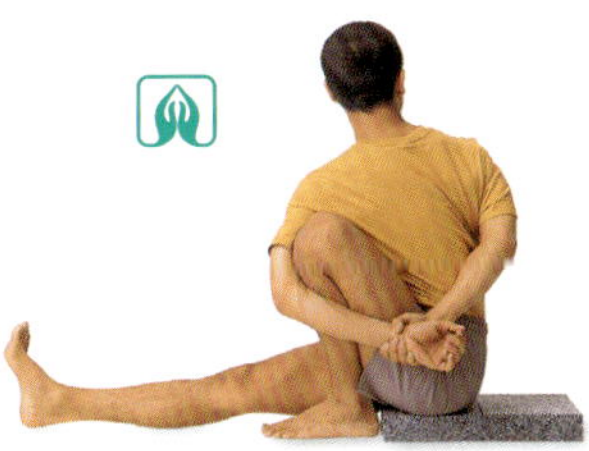

12 Weisen-Pose
Marichyasana I,
S. 166

13 Schulterstand und Pflug
Salamba Sarvangasana und Halasana,
S. 186–187

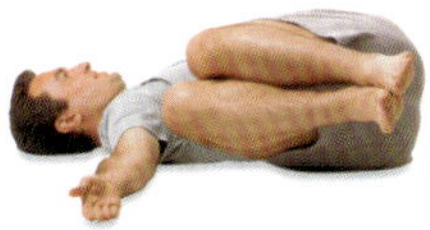

14 Bauch drehen
Jathara Parivartanasana,
S. 138–39

15 Leichenstellung
Savasana I,
S. 64–65

Auf Sitzposen konzentrieren

Jedes Training muss mit einer passiven Pose beginnen, um den Geist zu beruhigen und um sich zu sammeln. Hier ist es das Sitzen im Schneidersitz, in dem Sie sich auf das Hochdehnen der Arme zu Parvatasana konzentrieren. Beim Durcharbeiten des Programms werden Sie feststellen, dass Sie sich zwischendurch ausruhen müssen. Legen Sie sich auf den Boden und ziehen Sie die Knie zur Brust. Zwischen den Beindehnungen konzentrieren Sie sich auf das Öffnen der Hüfte. Im zweiten Teil arbeiten Sie mit einer Reihe nach vorne gebeugter Posen und Drehungen am Rücken.

Dehnen Sie sich in jeder Pose so weit wie möglich und greifen Sie notfalls zu Hilfsmitteln. Aus Sicherheitsgründen dürfen Sie niemals einen Schulterstand machen, ohne den Rumpf und die Arme vorher durch gefaltete Decken oder Schaumstoffblöcke anzuheben, sodass sich diese sich leicht über dem Kopf befinden.

1 Schneidersitz

Beginnen Sie das Programm im Schneidersitz (Sukhasana) mit über den Kopf gestreckten Armen (Parvatasana). Halten Sie die Pose ca. 20 Sekunden und dehnen Sie sich die ganze Zeit über hoch.

2 & 3 Verlängerte Beindehnungen

Dehnen Sie die Hüftgelenke und aktivieren Sie die Muskeln in Hüfte und Beinen mit Utthita Hasta Padangusthasana I und II. Halten Sie die Pose ca. eine Minute.

4 Schuster

Setzen Sie sich mit dem Rücken an eine Wand und entspannen Sie sich in Baddha Konasana. Umfassen Sie die Füße mit den Händen. Sie sollten diese Pose mehr als eine Minute halten.

5 & 6 Beindehnung am Boden

Kehren Sie zu den Beindehnungen Supta Padangusthasana I und II zurück, die im Liegen ausgeführt werden. Heben Sie abwechselnd die Beine und halten Sie jede Dehnung ca. eine Minute. Beenden Sie die Pose in einer Ruhepose.

7 Beindehnung mit gegrätschten Beinen

Upavistha Konasana dehnt beide Beine zu den Seiten hin. Denken Sie an das Ausatmen, wenn Sie sich nach vorne beugen. Halten Sie die Pose 20 Sekunden und sitzen Sie dann in einer Ruhepose.

8 Kopf-zum-Knie-Pose

Mit Janu Sirsasana ändern Sie nach den Beindehnungen Ihre Position. Machen Sie die Übung erst nach rechts, dann nach links und halten Sie sie auf jeder Seite ca. 30 Sekunden.

9 Dreigliedrige Pose

Halten Sie die Hüfte waagerecht, während Sie bei Triang Mukhaikapada Paschimottanasana den Rumpf vorstrecken. Es ist eine entspannende Pose, die Sie auf jeder Seite ca. 30 Sekunden halten sollten.

10 Klammer

Beenden Sie die Beugeserie mit Paschimottanasana, bei der Sie den Rumpf über die ausgestreckten Beine nach vorne dehnen. Es ist eine erholsame Pose, die Sie bis zu einer Minute halten sollten.

11 Meerjungfrau I

Jetzt folgt Bharadvajasana, bei der Sie sich erst nach rechts und dann nach links drehen. Halten Sie jede Drehung bis zu 30 Sekunden.

12 Weisen-Pose

Marichyasana dehnt den Rücken kräftig. Halten Sie die Dehnung auf jeder Seite mindestens 20 Sekunden. Ruhen Sie anschließend im Knien.

13 Schulterstand und Pflug

Die zwei Umkehrposen, Salamba Sarvangasana und Halasana, werden als Einheit mindestens drei Minuten ausgeführt und sind sehr belebend.

14 Bauch drehen

In dieser Pose, Jathara Parivartanasana, werden die Beine erst zur einen, dann zur anderen Seite geschwungen. Das trainiert die Wirbelsäule. Halten Sie die Pose auf jeder Seite ca. 20 Sekunden.

15 Leichenstellung

Beenden Sie die Übung mit einer 10-minütigen Ruhephase in dieser Pose.

PROGRAMM DER 3. STUFE

Dieses Programm beinhaltet einige der grundlegenden Posen aus Kapitel drei, z. B. das Dreieck und das Vorbeugen im Knien. Einer der Gründe ist, dass der Körper und ganz besonders die Beine für die anspruchsvolleren Posen gekräftigt werden müssen. Die Stehposen am Anfang sorgen für die nötige Dehnung. Bei diesem Programm konzentrieren wir uns auf die Anregung: die Stehposen beleben den Körper. Die Rückbeugen stimulieren Körper und Geist und mobilisieren die Wirbelsäule durch starkes Dehnen. Das Programm dauert etwa 75 Minuten, Sie sollten sich jedoch so viel Zeit nehmen, wie Sie brauchen. Üben Sie das Programm mindestens einmal pro Woche.

1 Hund
Adho Mukha Svanasana,
S. 130–131

2 Dreieck
Utthita Trikonasana,
S. 46–47

3 Krieger II
Virabhadrasana II,
S. 78–79

4 Krieger I
Virabhadrasana I,
S. 82–83

5 Vorbeugen im Stehen
Uttanasana I,
S. 75

6 Tor
Parighasana,
S. 134–135

7 Held
Virasana,
S. 107

8 Kamel
Ustrasana,
S. 178–179

9 Brücke
Sarvangasana Setu Bandha,
S. 170–171

10 Heuschrecke
Salabhasana,
S. 174–175

11 Bogen
Dhanurasana,
S. 182–183

12 Überkreuzte Drehung
Sukhasana-Drehung,
S. 158-159

13 Vorbeugen im Knien
S. 54

14 Leichenstellung
Savasana I,
S. 64–65

Auf das Beugen des Rückens konzentrieren

Obwohl dieses Programm stimulierend wirkt, sollten Sie anfangs ein paar Minuten in einer Ruhepose, z. B. im Schneidersitz oder in der Helden-Pose, verbringen, um den Geist zu beruhigen. Es enthält einige anspruchsvolle Posen, wird aber öfter durch Pausen unterbrochen.

Im zweiten Teil arbeiten Sie an der Wirbelsäule und zwar mit einer Serie von Rückbeugen, die den gesamten Rumpf von der Leiste bis zum Hals strecken. Sie öffnen die Brust und die Vorderseite des Körpers. Das Beugen des Rückens und die Drehungen sind extreme Dehnungen, nach denen Sie vermutlich eine kurze Pause machen wollen. Dazu können Sie sich auf Ihre Fersen setzen oder sich auf den Boden legen und die Beine an die Brust ziehen. Auch dieses Programm wird mit einer 5–10-minütigen Ruhephase in der Leichenstellung beendet. Hinterher werden Sie feststellen, dass es äußerst belebend wirkt.

1 Hund

Beginnen Sie mit der formenden und dehnenden Übung Adho Mukha Svanasana. Sie entspannt das Herz. Halten Sie die Pose bis zu einer Minute.

2 Dreieck

Utthita Trikonosana wird dem Programm hinzugefügt, um die Beine zu stärken. Halten Sie die Pose auf jeder Seite bis zu 20 Sekunden.

3 Krieger II

Die Sequenz von belebenden, stehenden Posen wird hier durch Virabhadrasana II fortgesetzt. Halten Sie die Pose auf jeder Seite bis zu 20 Sekunden.

4 Krieger I

Konzentrieren Sie sich bei Virabhadrasana I auf das Hochdehnen. Halten Sie die Pose auf jeder Seite max. 15 Sekunden.

5 Vorbeugen im Stehen

Die stehenden Posen enden mit Uttanasana I, durch die der Herzschlag verlangsamt und die Nerven beruhigt werden. Beugen Sie sich aus der Hüfte vor und halten Sie die Beine gerade. Halten Sie die Pose mindestens eine Minute.

6 Tor

Durch Parighasana werden jetzt einige kniende und sitzende Posen vorgestellt. Diese Pose dehnt abwechselnd jede Seite des Körpers. Halten Sie die Dehnung, die Sie deutlich spüren sollten, jeweils 10 Sekunden.

7 Held

Wenn diese Pose richtig ausgeführt wird – d. h. die Sitzbeine berühren zwischen den Füßen den Boden –, dehnt Virasana die Füße, Knöchel und Knie. Da es eine entspannende Pose ist, können Sie sie länger als eine Minute halten.

8 Kamel

Diese Pose ist die erste Rückenbeugung, Ustrasana. Sie dehnt die Wirbelsäule nach oben und nach hinten. Halten Sie die Pose bis zu 10 Sekunden, dann ruhen Sie sich auf den Fersen sitzend aus.

9 Brücke

Bei Sarvangasana Setu Bandha wölben Sie Ihren Rücken nach oben. Halten Sie die Pose bis zu 10 Sekunden, dann ruhen Sie sich mit angewinkelten Beinen auf der Matte liegend aus.

10 Heuschrecke

In Salabhasana heben Sie den Rumpf und die Beine, was die Wirbelsäule kräftig dehnt. Halten Sie die Pose bis zu 10 Sekunden.

11 Bogen

Dhanurasana ist die letzte Rückenbeugung. Sie trainiert die Gelenke der Wirbelsäule. Halten Sie die Pose bis zu 10 Sekunden.

12 Überkreuzte Drehung

Die Sukhasana-Drehung dreht die Wirbelsäule. Halten Sie die Pose bis zu 15 Sekunden.

13 Vorbeugen im Knien

Dieses einfache Vorbeugen entspannt den Rücken nach der Drehung. Halten Sie die Pose zwei Minuten oder länger.

14 Leichenstellung

Eine 5–10-minütige Ruhephase in der Leichenstellung Savasana I ist nach diesem anstrengenden Programm notwendig.

EIN ANTISTRESS-PROGRAMM

Diese kurze Übungseinheit bringt Sie nach einem harten Tag wieder auf die Beine. Sie können trainieren, wenn Sie müde, gestresst oder angespannt sind oder wenn Sie sich selbst etwas Gutes tun wollen. Es ist ein einfaches Programm, bestehend aus vier entspannenden Posen, das als Mittel gegen jede Art von Erschöpfung eingesetzt werden kann, da es Körper und Geist mit minimalem Aufwand erfrischt. Alle Posen sind passiv. Obwohl Sie sich dehnen, Körperteile anheben und sich konzentrieren, bewegen Sie sich weder aktiv, noch dehnen Sie sich intensiv. Das Programm dauert ca. 20–25 Minuten. Sie können sich jedoch in jeder Pose so lange wie nötig entspannen.

1 Schneidersitz

Beruhigen Sie Ihren Geist, indem Sie eine oder zwei Minuten mit geschlossenen Augen in Sukhasana sitzen. Setzen Sie sich auf einen Schaumstoffblock an der Wand, um den Rücken zu stützen. Atmen Sie normal durch die Nase und achten Sie auf Ihren Atemrhythmus.

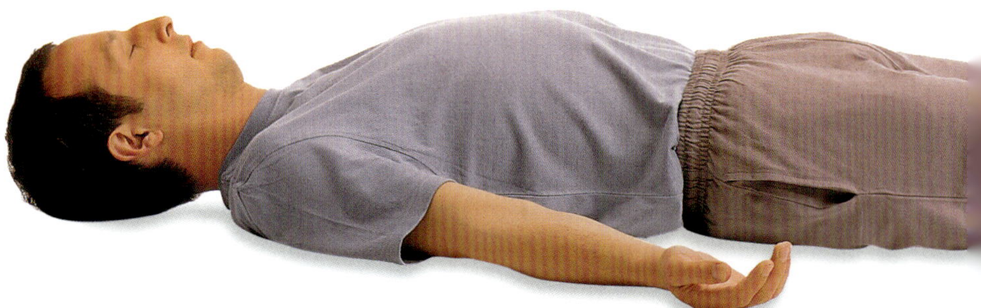

2 Schuster-Bodenpose
Ruhen Sie sich in Supta Baddha Konasana (S. 126–127) aus. Inzwischen sollten Geist und Körper entspannt sein. Diese Pose ist besonders für Frauen während der Menstruation hilfreich.

3 Verlängerte Beindehnung
Lindern Sie Bein- und Rückenschmerzen, indem Sie auf dem Rücken liegen und die Beine in Urdhva Prasarita Padasana (S. 62–63) strecken, während Sie diese an der Wand abstützen.

4 Leichenstellung
Alle Übungseinheiten enden mit dieser Pose. Sie sollten jetzt vollkommen entspannt sein. Konzentrieren Sie sich darauf, normal zu atmen, dabei aber langsam und tief auszuatmen.

GLOSSAR

Asana Eine Yogapose oder -stellung

Hatha-Yoga Der Pfad zum Erreichen der universalen Einheit oder Erleuchtung durch das Üben von Asanas sowie durch die richtige Atmung und innere Reinigung. Eine klassische Schule, die sich vor ca. 1.000 Jahren entwickelte.

Iyengar-Yoga Ein Yoga-Stil, der von dem indischen Lehrmeister B.K.S. Iyengar erfunden wurde.

Leiste Der Raum zwischen dem unteren Ende des Bauchs und dem oberen Ende des Oberschenkels.
Die Leisten ziehen sich vom Zentrum der Schamregion nach außen und oben.

Mantra Heilige Wörter oder Töne, z. B. „Om". Ein Mantra wird zur besseren Konzentration bei der Meditation benutzt.

Passive Pose Eine Pose, in der Sie sich dehnen, aber Ihre Position nicht verändern.

Pranayamas Spezielle Atemtechniken zur Energiegewinnung.

Pratyahara Kontrolle über die Sinne.

Rumpf Der mittlere Teil des Körpers ohne die Gliedmaßen. Auch Torso genannt.

Yoga Einheit.

Die Asanas

SANSKRIT-NAME	DEUTSCHER NAME
Adho Mukha Svanasana	Hund
Anantasana	Ewige Pose
Ardha Chandrasana	Halbmond
Ardha Navasana	Halbboot
Baddha Konasana	Schuster
Bharadvajasana	Meerjungfrau
Chaturanga	Viergliedrige
Dandasana	Stab-Pose
Dandasana	Stab
Dhanurasana	Bogen
Eka Pada	Einbeiniger
Sarvangasana	Schulterstand
Garudasana	Armdrehung
Gomukhasana	Greifübung
Halasana	Pflug
Janu Sirsasana	Kopf-zum-Knie
Jathara Parivartanasana	Bauch drehen
Marichyasana	Weisen-Pose
Parighasana	Tor
Paripurna Navasana	Ruderboot
Parivrtta Trikonasana	Gedrehtes Dreieck
Parsvaika Pada	Diag. Beindehnung
Sarvangasana	im Schulterstand
Sarsvottanasana	Seitliche Dehnung
Parvatasana	Verschränkte Finger
Pschimottanasana	Klammer
Prasarita	Gegrätschte
Padottanasana	Beindehnung
Salabhasana	Heuschrecke
Salamba	Schulterstand

SANSKRIT-NAME	DEUTSCHER NAME
Sarvangasana	Schulterstand
Sarvangasana Setu Bandha	Brücke
Savasana	Leichenstellung
Sukhasana	Schneidersitz *(mit Drehung)*
Supta Baddha Konasana	Schuster-Bodenpose
Supta Konasana	Gegrätschter Pflug
Supta Padangusthasana	Beindehnung am Boden
Supta Tadasana	Liegende Berg-Pose
Supta Virasana	Helden-Bodenpose
Tadasana	Berg
Triang Mukhaikapada	Dreigliedrige
Paschimottanasana	Pose
Upavistha Konasana	Gegrätschte Beinde.
Urdhva Prasarita	Verlängerte
Padasana	Beindehnung
Ustrasana	Kamel
Utkatasana	Stuhl
Uttanasana	Vorbeugen im Stehen
Utthita Hasta	Beindehnung
Padangusthasana Utthita	Seitlich verlängerter-
Parsvakonasana	Winkel
Utthita Trikonasana	Dreieck
Virabhadrasana	Krieger
Virasana	Held
Vrksasana	Baum

REGISTER

V

W

Y

Z

DANKSAGUNG

Besonderer Dank an Louise Beglin, Carla Carrington, Linda de Comarmond, Fiona Grantham, Kay Macmullan, Ben Morgan, Maria Rivans, David Ronchetti, und Arup Sen für ihre Unterstützung bei den Fotografien. Danke an Dancia International, London, für die Leihgabe der Requisiten.

Bildnachweis

Wenngleich auch alles versucht wurde, um die Inhaber von Urheberrechten ausfindig zu machen, so bitten wir doch um Nachsicht, falls wir etwas übersehen haben sollten. Gern nehmen wir in zukünftigen Auflagen die notwendigen Änderungen auf.

Alamy/Dinodia Photos: 8; Jit Lim: 17. **The Bridgeman Art Library**/ British Library, London 16o; British Museum, London 14u. **Getty**/ Clicknique: 6; Stephanie Hager – HagerPhoto: 18o; The India Today Group / Contributor: 18u; Tatiana Kolesnikova: 35; Mike Timo: 15u; Westend61: 25; Caroline Woodham: 36. **iStock**/Clicknique: 9; fizkes: 37; iconogenic: 35; Visiofutura: 21. **Rex Features**/Associated Newspapers/REX/ Shutterstock: 19o. **Shutterstock**/Bule Sky Studio: 13; claires: 213; fizkes: 28, 216; f9photos: 205; Patrick Foto: 209; Evgeny Glazunov: 67; GlebStock: 30o; Yekaterina Gurina: 23; Guschenkova: 30u; Olex Kmet: 58o; ostill: 2, 20; Photobac: 31; ppart: 14o; Yuriy Rudyy: 203; Lena Serditov: 15o; thipjang: 42o; wavebreakmedia: 11, 16u.